中国水利人 5

水利部精神文明建设指导委员会办公室 编

中国水利水电出版社
www.waterpub.com.cn
·北京·

内 容 提 要

本书收集整理了2019年以来全国各地报刊、网络等主流媒体报道的水利人物，表现了水利人立志水利、扎根基层，苦干实干、敬业精业的朴素情怀和对祖国、对人民、对社会、对家人无私奉献的深情，较好地体现了“忠诚、干净、担当，科学、求实、创新”的新时代水利精神。书中呈现的人物，既有全国及省部级劳动模范，更有众多名不见经传的普通人；既有管理人员，也有水利大师，更多的则是基层一线职工。他们分布在水利行业各个领域，具有一定代表性。这些带有体温的记述，留档的不仅有全景，还有近景和特写；不仅丰富了水利文化，还有利于进一步振奋精神，使水利事业又好又快地向前推进；不仅鼓舞当下，相信也会感动未来。

图书在版编目（CIP）数据

中国水利人. 5 / 水利部精神文明建设指导委员会办公室编. -- 北京 : 中国水利水电出版社, 2021.1
ISBN 978-7-5170-9850-8

Ⅰ. ①中… Ⅱ. ①水… Ⅲ. ①水利系统－先进工作者－先进事迹－中国－现代 Ⅳ. ①K826.1

中国版本图书馆CIP数据核字(2021)第165578号

书　　名	**中国水利人（5）** ZHONGGUO SHUILIREN (5)
作　　者	水利部精神文明建设指导委员会办公室　编
出版发行	中国水利水电出版社 （北京市海淀区玉渊潭南路1号D座　100038） 网址：www.waterpub.com.cn E-mail：sales@waterpub.com.cn 电话：(010) 68367658（营销中心）
经　　售	北京科水图书销售中心（零售） 电话：(010) 88383994、63202643、68545874 全国各地新华书店和相关出版物销售网点
排　　版	中国水利水电出版社微机排版中心
印　　刷	天津嘉恒印务有限公司
规　　格	170mm×240mm　16开本　13.5印张　245千字
版　　次	2021年1月第1版　2021年1月第1次印刷
定　　价	**78.00**元

编　委　会

序

水利部文明办编辑了《中国水利人》一书，即将付梓，邀我作序，遂得以先睹文稿。本书中收录了数十位平凡水利工作者的感人事迹，读来令人感动不已。这些故事把个人经历融入到宏大的时代背景中，从中可以看到近年来水利事业波澜壮阔的发展历程，以及闪耀在水利人身上的思想光芒和家国情怀。

水安则邦安，水兴则邦兴。兴水利，除水害，历来是治国安邦的大事。中华人民共和国成立后，党和国家始终把水利建设作为经济社会发展战略的重要组成部分、作为治国理政的一件大事。几十年来，我们党领导人民开展了气壮山河的水利建设，取得了举世瞩目的治水兴水成就。特别是党的十八大以来，习近平总书记就保障国家水安全发表重要论述，明确提出“节水优先、空间均衡、系统治理、两手发力”的治水思路，为我们做好水利工作指明了前进方向、提供了根本遵循。在党中央、国务院周密部署、高位推动下，水利行业紧紧抓住重要战略机遇期，锐意改革，开拓进取，攻坚克难，真抓实干，防汛抗旱减灾取得重大胜利，重大水利工程建设加快推进，农村饮水安全工程建设全面完成，农田水利基础不断夯实，水生态文明建设迈出坚实步伐，水利发展体制机制逐步完善，水利系统党风政风行风呈现崭新气象，“十二五”规划目标任务圆满完成，水安全保障水平明显提高，人民群众得到更多更好的实惠，在我国治水史上写下了浓墨重彩的一笔。

水利事业取得的成就，凝结着水利系统广大干部职工的智慧和汗水。

阅读文稿，谢会贵、崔政权、蒋志刚、曹君、张生贤……一个个平凡的名字、平凡的面容背后，是不平凡的坚持、不平凡的勇毅。他们或献身珠峰脚下农村水电事业，或扎根高原从事黄河水文工作30年，或守护荒漠甘泉不言悔，或用生命诠释敬业奉献，或尽心尽职鞠躬尽瘁，或淡泊名利默默耕耘，或助人为乐不遗余力……可以说，《中国水利人》一书，记录的是与水打交道的人，代表的是一个庞大的道德群体，折射出的是崇高的水利行业精神。

毛泽东同志说过："人是要有一点精神的。"人无精神不立，国无精神不强，一个行业没有精神，就失去了动力和支撑。那么，水利精神的内涵是什么？它是如何形成的，又发挥着什么样的作用？我想，这也是《中国水利人》一书想要表达和传递的本意吧。

千百年来，从"俯伏而饮""逐水而存""濒水而居"到大禹治水、都江堰、京杭运河，中华民族一直在与水相伴、相争、相和中生息、繁衍和发展，水渗透到中国文化的每一个层面，流淌在上下五千年的文脉中。于是，"上善若水"的智、"临渊不惧"的勇、"滋养万物"的爱，以及筚路蓝缕、以启山林的开拓精神，艰难困苦、玉汝于成的顽强意志，"载舟""覆舟"、居安思危的忧患意识，革故鼎新、川流不息的执著追求等，共同构成了我们民族精神的主旋律。反过来，浸透着水之哲学的民族精神也启迪着我们的治水实践，书写着中国的治水史绩。

水利行业相比于其他行业又有其独特性。我把它简单归结为：使命光荣、责任重大、技术复杂、条件艰苦。水利是经济社会发展不可替代的基础支撑，功在当代、利在千秋。作为组织和领导各项水利建设、保护着国家和人民生命财产安全的水利人，就必须挺身而出，勇于担当。而水利工程绝大多数分布在乡村僻壤或高山峡谷，许多水利工作者在山川河流间摸爬滚打、风餐露宿、雨淋日晒甚至舍生忘死。同时，水利又是一门实践性很强的科学，无论是兴利还是除害，都必须遵循自然科学规律，都必须坚持严谨严肃态度，孜孜以求、矢志不渝。

磨难思进取，实践出真知，奋斗见精神。中国水利人通过长期的兴水惠民实践和探索，以水为载体，将厚重的中华民族人文精神，融入事关经济安全、生态安全和国家安全的水利行业，最终汇聚成了震撼人心的精神动力，汇聚成了“献身、负责、求实”的水利行业精神。这种精神是整个水利行业的价值取向、思想引领和文化传承，这种精神犹如潺潺的流水，无论社会如何发展、科技如何进步、价值观念如何多元，总是在静悄悄地滋润着我们的心灵，引领我们肩负重任奋勇前行。

党的十八届五中全会把水利作为推进五大发展的重要内容，摆在八大基础设施网络建设的首要位置，纳入九大风险防范的关键领域，对做好新时期水利工作提出明确要求。成就伟大梦想、推进伟大事业，就需要水利系统广大职工更好地弘扬水利精神、彰显水利价值、汇聚水利力量。《中国水利人》的出版恰逢其时，也应发挥应有的作用。要加大宣传力度，注重挖掘培育，传递价值理念，升华精神境界，引领行业风尚，将学习先进转化为推动水利改革发展的具体行动。

愿《中国水利人》能够成为一面旗帜。广大水利干部职工要以榜样为指引，坚定共同理想信念，团结和凝聚在中国特色社会主义旗帜下，深入学习贯彻习近平总书记系列重要讲话精神，按照党中央、国务院决策部署，适应经济发展新常态，坚持创新、协调、绿色、开放、共享发展理念，全面落实“节水优先、空间均衡、系统治理、两手发力”的治水思路，以更加强烈的使命意识、责任意识和担当意识，立足本职岗位，胸怀发展大局，踊跃投身中国特色水利现代化宏伟事业，为奋力开创水利改革发展新局面建功立业、不懈奋斗。

愿《中国水利人》能够成为一个标杆。榜样的力量是无穷的。广大水利干部职工要以榜样为努力方向，认知认同并自觉践行社会主义核心价值观，坚持正确的价值目标、价值取向、价值准则，弘扬“真善美”，贬斥“假恶丑”，大力弘扬水利行业精神，积极构建水利职业道德和行为规范体系，让主流价值成为全体水利人的共同遵循和行为坐标，生成固本培元、凝魂聚力的强大力量。

愿《中国水利人》能够成为一面镜子。古人云：“人不率，则不从；身不先，则不信。”以人为镜可以明得失，查不足。广大水利干部职工要以榜样为借鉴，正视自身思想、工作、生活中存在的差距和不足，见贤思齐，奋发进取，努力实现自我净化、自我完善、自我革新、自我提高，切实提高服务发展、服务民生、服务群众的能力。

愿《中国水利人》能够成为一道洪流。党的十八届五中全会吹响了全面建成小康社会决胜的新号角，开启了实现中华民族伟大复兴中国梦的新征程。广大水利干部职工要以榜样为推动进步的力量，乘风破浪、合力前行，在“十三五”水利改革发展中勇立潮头，在防汛抗旱抢险救灾等急难险重任务中挺身而出，在自身岗位上兢兢业业任劳任怨，以涉险滩渡深水的勇气，以水滴石穿锲而不舍的韧劲，以江河奔流百川归海的决然，锐意进取、主动担当，改革创新、奋发有为，努力谱写中国特色水利现代化事业新篇章。

让榜样光辉照亮水利前行之道路！

让水利精神引领改革发展之潮流！

2015 年 12 月

（此序为水利部党组成员、副部长田学斌于 2015 年 12 月为《中国水利人（1）》所作序，现以此序为本书代序）

目录

蔡、杨、王、余：乐清水利三代情

多年来，一辈辈水利人之间彼此影响，不断地完成代际的教育和更迭，也总有一种兢兢业业的职业精神内核长存于他们的心间。不畏牺牲、奋勇争先的水利精神在一代又一代的水利工作者中继往开来，不断传承。

为此，笔者采访了乐清市水利局中蔡永、杨子敬、王宏进、余志超 4 组家庭，从小家，到大家，一起见证乐清水利人的祖孙三代水利情。

蔡永：身先士卒筑水库，勤勤恳恳走基层

蔡永向记者回忆起自己的祖辈蔡旺发时，印象最深刻的一句话便是爷爷对其说的“水利工程，百年大计”。在 20 世纪 50 年代初，蔡旺发第一次担任白石水库修建的总指挥；60 年代淡溪水库修建时，蔡旺发再度出任总指挥一职，是乐清两大水库修建的功勋人物。1974 年他就任农林水利局局长，后在该岗位上退休。

“我的父亲当时在柳市工作，后被调往水库的修建工地，担任总指挥。他到任后，很快就跟民工们打成了一片，随和的性格让他在工作上更显得心应手。”蔡永父亲蔡方明对记者说。在淡溪水库修建时，当时尚且年幼的蔡方明曾经去工地上探望自己的父亲。工地如同一个大火炉，大家充满干劲的样子让蔡方明受到了深深的触动。

蔡旺发

“爷爷的耳朵，听说是在当时修建淡溪水库的时候落下了病根，以致后来失聪。”蔡永对记者说。在淡溪水库修建时，常常需要在没有任何保护措施的情况下潜水下去作业。蔡旺发当时虽然担任总指挥，但常常身先士卒和民工一起下潜，

由于卫生条件有限，在一次上岸后因为没有清理干净耳道，导致鼓膜受到感染。“说起耳朵的事，爷爷总是不以为然地说，‘条件就这样，而且工作这么紧，没时间管这个。’”蔡永回忆道。

蔡方明

过往水利基层工作的辛苦，父亲蔡方明经常会跟蔡永一起回味，忆苦思甜，激励蔡永要不怕困难，勇于向前。“我进入水利工作时，最早在清江一处水文站中工作，后来调往砩头水文站。”蔡方明说。“在砩头工作的时候，中午从乐清骑自行车出发，到砩头往往已经天黑了。而且砩头水文站当时的工作环境恶劣，几乎每一寸肌肤都躲不过蚊虫叮咬，叮咬部位的破溃流脓是每个夏秋都要经历的。经过乐清水文人的多年建设，现在砩头水文站已成为国家基本站。”蔡方明对记者说。

2019 年 4 月底，蔡永作为大荆防洪一期工程的工程质量监督组组长，顺利完成了大荆防洪一期工程的验收，回到了水政监察大队的岗位上。

“水政监察工作，需要一些耐心和技巧，不被群众理解是常事。”蔡永对记者说道。现在，蔡永喜欢跟父亲在茶余饭后谈谈工作中遇到的难题，通过父亲的丰富工作经历，一起商讨解决。“水政监察的工作，和群众打交道比较多，所以沟通格外重要。”蔡永对记者说。“依法办事，耐心解释，这是父亲送给我的 8 个字，我一直记着。”

蔡永（右）

“每个暴雨天，台风天，他都在单位通宵值守，不用跟我们打招呼，这是水利人的默契。”蔡永的父亲蔡方明对记者说。父亲蔡方明已经 65 岁退休在家，同为水利人，他对儿子的理解是十分深刻的。

蔡永三代水利人，以不同的站位，相同的理想，为乐清水利奉献着自身。水利工程，百年大计，不怕困难，勇于向前，依法办事，耐心解释……一句句叮嘱，成了乐清水利人最真实的写照。

杨子敬：踏着先辈的足迹，用脚步丈量乐清水城

“我的爷爷和父亲，是我的骄傲！”

近日，记者来到市水利局采访杨子敬，他对记者如是说道。

杨子敬的祖父杨云奶于1955年参加乐清市双屿陡闸建设。1958年，调入淡溪水库任工兵连连长，全力参与淡溪水库建设。1960年6月10日中午，祖父刚从杭州开完会赶回水库，还未来得及吃午饭，工地就传来出现哑炮的消息，祖父与另外几位爆破人员即刻赶到大坝北山坡现场，处理哑炮事故。作为爆破队队长，在这万分紧急的关头，他不顾一切，进入土穴检查电线、雷管，不料哑炮复爆……他因公壮烈牺牲。在祖父牺牲的时候，父亲尚且年幼，并不能记得祖父更多的印象，所以杨子敬对于祖父的认识，只能停留在了人们的口传和为纪念淡溪水库建成所著的书页中。

杨子敬

杨子敬的父亲杨典珠1977年参加工作，起初在沙港头水文站工作。那时，乐清市南岳码头建设急需水文资料，杨典珠和同事积极克服水文站设备落后的困难，将水文资料一点一滴从无到有整编完成。1979年调往淡溪水库工作，1998年因病在岗位上逝世。杨子敬对记者说道。“记得那时候我们一家人住在虹桥，而淡溪离虹桥有相当一段距离。一开始，父亲是步行去上班，一去待好多天。后来有自行车了，骑着自行车去上班。他走的时候，我还很小。”杨子敬清楚地记得父亲去上班时的场景。“记得1982年在水库工作时，暴雨造成巡逻船下沉，我老爸潜水八米深找到船只，上来时耳朵都被水压弄出血了。”两代人均投身水利工作的事迹，让年少的杨子敬也有了一个水利梦。

记者初见杨子敬时，就被他膝盖上的摔伤和手臂上的疤痕吸引了。在记者问及时，他对记者说：“这些伤都是我下乡时不小心留下的。这两个月做的工作，是对一些尚未统计在册的万方以上的山塘进行测量和记录，常常一下乡就是一整天。对于一些车开不进去的山塘，甚至得步行三个小

时，披荆斩棘地进入。一天百余公里的行驶路程，数十公里的步行路程，已经是家常便饭。”如今在水文站工作的杨子敬踏着先辈的足迹，在每个山塘间行走，用车辙和脚印丈量着乐清水域的宽度。

杨云奶

进入水利局初期，杨子敬也曾在淡溪水库工作，并完成了当年的水文资料整编，整编材料在温州市荣获个人先进，在浙江省评比中获得集体先进。“因为祖辈和父辈对水利的感情，我的姐姐也加入了水利系统工作，现在在淡溪水库做一些文案的工作。”杨子敬对记者说。

王宏进：肯干实干用心干，敬业家风代代传

“水利工作关乎民生的性质，尤其要求工作者对工作认真负责。”王宏进对记者说。年轻的王宏进在说这句话时，掷地有声。其家中，从外祖父工作时就开始传承的诚恳和敬业家风，深深地影响着年青一代的成长，让王宏进成为一位脚踏实地的新生代水利人。

初入职，年轻的王宏进分配到乐清市河道综合整治办公室，参与乐琯运河和东干河清淤治理工作，是为水利工作的启蒙阶段。外祖父陈益钟和王宏进很亲近，王宏进去探望外祖父时，老人总叮嘱：“多动笔多走动”“干工程的人不要老是待在办公室”。一次次的叮嘱，在潜移默化中，树立起了王宏进肯干实干的工作理念。

王宏进

2018 年，根据温州市东西部扶贫协作工作安排，王宏进入选第一批指派专业技术干部，前往四川省阿坝州壤塘县开展扶贫协作工作。在地广人稀的阿坝州和同事们一起工作走访寨子，了解基层工作对民众的意义后，他更能深刻体会外祖父的那几句嘱托。

王宏进外祖父陈益钟系乐清市南塘人，

于1948年11月参加革命工作，1949年2月入党，为新中国解放事业鞠躬尽瘁。历任浙南游击总队副排长、浙江军分区排长、永嘉县石染公社副书记、乐清县南阳公社、白龙山林场副书记等职，最后任职淡溪水库工程管理处主任，1985年6月光荣离休，一生信念坚定、不忘初心、工作勤恳、艰苦朴素。

陈益钟

每年台汛期是水利人工作最繁忙的时间。王宏进的母亲陈建雯提到她父亲的一次艰苦经历："记得有一年台风值班，父亲和一位叔叔（郑久松）一起赶去单位抗台（当时到淡溪水库没通车），两人步行到孝顺桥村时四都乡的柏岩水库大坝塌了，洪水直淹到人的胸口，两人就在齐胸的水里一路淌过去直到单位。"

陈益钟负责的精神对他的后辈影响深远。女儿陈建雯从1986年开始在淡溪管理财务，虽然她的本职工作是财务，但因水库全年都需要二十四小时值班，而水库管理工作人手时常紧缺，所以她也会主动请缨，参与水库的轮流值班工作，定时查水位、测地下水，严格保障水库水位在安全范围。她走在水库边，如同父亲当时走过一般。她说，21年的水库工作经历和父亲的言传身教让她对水利工作有着很深的责任感。

余志超：水利工作跨越"山、海"，岁月接力忠诚坚守

作为兢兢业业的基层水利工作人员，余家三代人见证了乐清水利建设的变化，也为之贡献了自己的青春。

余勋

余协安的父亲余勋从20世纪60年代开始一直扎根基层，从事水利工作30余年，他参与了乐清县方江屿工程大会战，清江流域水利工程建设——清江、清北两座翻水站的建设，海塘、水闸的防洪排涝，水库、山塘的建设，围垦造田、截流等，这些任务在当年的工作条件下都非常艰巨与危险，但是，余勋所在的团队还是完成了这些艰巨的任务。其中，在清江，九千多亩（1亩≈666.67平方米）

余协安

面积的围海造田及沿海大坝对当地人生活有了极大的帮助。直到清江大桥和新的山间公路建成前，堤坝上不宽不窄的土路成了当时陆上交通的重要过道，而此前人们都要靠渡轮等方式通行，十分不便。

余协安回忆说，他的父亲工作十分尽职尽责，每年进入主汛期，余勋都坚守值班关注台风险情；发生工程险情时，他总是在抢险第一线。作为一个父亲，他顾大家而忘小家，有时能做的只有打一个电话叫家人注意安全。另外，余勋经常带年纪尚小的余协安去基层水利工程的现场，在耳濡目染下，余协安明白了水利工程建设对全社会的重要性。余勋在淡溪水库除险加固工程建设指挥部工作至退休，如今已故，但是祖父兢兢业业，投身于水利建设永不言倦的精神仍然活在儿孙两人的心中。

受父亲奉献精神的感召，余协安也在自己最好的年华加入了基层水利工作的队伍。余协安说，父亲那一代人是建设者，是他们从零开始建设基础的水利工程，而自己这一代人则是水利工程的维护者。在过去，构成大坝的只是简单的泥土，而今在余协安这一代人的努力下，水利工程的标准化得以实现，大坝也更加安全可靠。

余志超

同自己的父亲一样，余协安在台风登陆时坚守岗位，对家人的关心只能靠一通电话。这种忘小家为大家的精神在余家人身上代代传承。除此之外，余协安家中还有许多水利知识相关的书籍，他希望祖辈在水利工作中积累的智慧和优秀的精神品质能够一直传承下去。

余志超是余协安的儿子，大学毕业刚刚参加工作，目前在大荆流域（塘闸）水利管理所。余志超负责的是村子里的水利设施建设和管理。余志超说，近十几年来乐清水利发展迅速，水利工程建设已经从单纯的防洪排涝向民生水利、景观水利转变。余志超负责的“桐阳美丽山塘”项目就结合了绿色生态文明建设的理念。

相比理论学习，余志超更多的是坚持“图纸多看，现场多走”，在实践工作中领会水利工作的技巧，在参与建设中不断成长。他说，现在的水利测绘条件远好于自己父辈那会儿，理应追求更好的质量和更高的精度。时代在变，敬业奉献的工作精神不变。尽管水利工作生涯才刚开始，余志超已立志成为一个像自己的祖父和父亲那样有担当、有责任心、精于业务、心系人民的优秀水利工作者。

◇ 本文发表于 2019 年 12 月 23 日浙江新闻官网

◇ 作者：赵宇统、吴子嫣、冯炫霖

陈炳泉、邹卫国：这对师徒测水情分毫不差

4.70 米、4.73 米、4.78 米、4.77 米……苏州在迎来第六轮强降雨后，太湖水位始终处于4.7米以上，连续20多天超警戒。自6月9日入梅以来，苏州水文局各水文站点24小时值守，不间断监测水情，挑起了防汛战役耳目尖兵应有的担当。

“昨天是农历六月初一，马上到天文大潮的时间段，河水流量有可能猛增，必须要在这里盯着。”在熬过一个通宵后，22日早上6点，陈炳泉与邹卫国师徒二人，又开始这一天的首次水体流量和流速监测。

陈炳泉（左）、邹卫国师徒二人进行水体流量和流速监测

“当前水深4.77米，下降深度0.95米，总转速44。”满眼血丝的邹卫国盯着手里的秒表，每隔一分钟记录一次流速仪转动的次数，生怕记错一个数据。

“这个仪器上不是有实时流量和流速吗，为什么还要人工测?”记者看到他身边的仪器问道。

“那台自动监测仪器每5分钟可以记录一次流量，但是水下情况多变，还是需要用普通的流速仪测量，对4个不同点位测量后的平均值相对准确些。”站在一旁的师傅陈炳泉回答道。

“当前水体流量385立方米每秒。”邹卫国回头跟陈炳泉说。

“你看用流速仪测出来的结果是385立方米每秒，仪器测出来的数据是382立方米每秒，误差控制在1%以内，这个是在允许范围内。”陈炳泉自豪地说。

这一份自豪正是陈炳泉不断摸索调试的结果。从2007年望亭立交水文站引进自动监测仪器到现在，陈炳泉一直在修正预订系数和函数值。“你看这一柜子都是这几年来仪器调整和监测的资料。”陈炳泉憨厚地说，“如果你不一直蹲在这里，怎么可能知道什么时候会出现大流量?”

19日，陈炳泉与邹卫国就“蹲到”一次险情。当天下午5时35分，望亭立交水文站上游水位猛增至4.93米！20分钟内上涨了13厘米。

“4.93米，达到今年最高水位，这可不是小事!”陈炳泉看到水位猛增后，第一时间想到是不是水位计出问题了?

邹卫国立刻去核查水位计，并对比水位标尺，发现水位确实超过了4.9米!

究竟是什么问题?站在一边的陈炳泉开始浏览过去半个小时内自动监测仪器的流速和流量。“赶快给望亭水利枢纽打电话问问，是不是闸门高度降低了。”陈炳泉突然回头跟徒弟说。后来，经过电话确认，原来是下游琳桥水位4.6米，闸门必须降低，防止下游被淹。结果，没过多久水位便降回4.75米上下。

“姜还是老的辣!”再次谈起当天的事情，邹卫国如此称赞师傅。今年66岁的陈炳泉，在望亭立交水文站这个岗位上坚守了48年。“原本师傅已经退休了，可是他经验丰富，很多事情还离不开他。这不又把他返聘回来了!”邹卫国说，“汛期里，他还是像年轻人一样和我一起工作。”

陈炳泉与邹卫国师徒二人值守的望亭立交水文站是苏州全站区工作量最大的站，肩负着向太湖流域管理局、江苏各级防汛部门提供各项水情信息的任务，还负责所属7个委托站的技术指导和业务管理，以及片区其他水文站的资料校核及整编、“引江济太”调水试验工程中望虞河入太湖水量的测验工作。

“既然做了这份工作，就要站好这一班岗。”陈炳泉说，“太湖水位居高不下，后面还有降雨的可能，我们更要确保水情数据的准确性，给上级部门的决策提供可靠的数据。”

◇ 本文发表于2020年7月3日《新华日报》

◇ 作者：俞茜

陈林：群众眼中的“水书记”

“水书记，您来了，快进屋坐会儿……”

贵州省黔南州平塘县大塘镇西关村，来了一名“水书记”。“水书记”本名叫陈林，现任黔南州骨干水源工程建设服务中心副主任，因政治业务素质过硬，又是党员，2018 年 3 月，受组织安排，到全省 20 个极贫乡镇之一的大塘镇西关村任驻村第一书记。

谈到为什么乡亲们喊他为“水书记”时，现年 38 岁的陈林侃侃而谈，因为他的“娘家人”姓“水”。陈林挂任第一书记以来，立足西关村发展大局，结合自身过硬的专业知识，紧盯水利行业扶贫和脱贫攻坚驻村帮扶工作，脱贫攻坚工作成效显著，实现了 370 户 1573 人稳定脱贫，西关村贫困发生率由 2014 年 52.6%下降至 2019 年 1.12%，被乡亲们亲切称为“水书记”“米书记”。

舍小家顾大家，义无反顾奔一线

“老婆，我和你商量个事，组织派我到西关驻村，我答应了，怕你难过，我一直没有告诉你……”拿起手中的驻村通知文件，面对着身怀六甲的妻子，还有才 5 岁多的大女儿，陈林心情十分矛盾，忐忑不安。

“老陈，嫁给你，我从来没有后悔过，你是一名共产党员，是党培养的干部，理应响应脱贫攻坚的号召，不能辜负组织的厚望。”妻子的支持和理解，让陈林放下了心中沉甸甸的担子，最后与妻子决定临时聘请护工阿姨来照顾妻子和 5 岁的女儿。就这样，他肩负着家庭的责任和脱贫攻坚的政治任务，带着对家人的思念、对组织培养的感恩、对脱贫致富的希望，依依不舍地踏上了扶贫驻村之路……

饮水思源，立志山村拔穷根

大塘镇平均海拔 1000 米、最高海拔 1478.1 米，属高原地貌，由于没有蓄水水库和河道，让降水量丰富的大塘镇成为黔南州工程性缺水非常严重的地方。常年工作在水利部门，陈林深知农村地区群众对安全饮水的渴望。

陈林（左）了解贫户饮水情况

“一天挑不了三挑水，老人挑水眼泪落。”更是道出了大塘世世代代的辛酸。

了解到大塘镇饮水现状后，陈林充分发挥自己专业特长，为全镇供水出谋策划，争取建设资金 7800 多万元，协调和指导完成大塘镇村供水一体化项目建设，覆盖解决了全镇 12 个村 2.6 万人饮水问题，在全省 20 个极贫乡镇中率先实现了镇村供水一体化，为全县成功脱贫摘帽奠定了坚实的基础。

志智双扶，激发群众内生动力

在驻村工作中，陈林始终坚持扶贫与扶志扶智相结合，要让群众真正从思想上脱贫，才能斩断穷根。他白天进村走访入户，夜晚召开院坝会、座谈会，大力开展“志智双扶 · 感恩奋进”思想扶贫宣讲，大力宣传自强不息、自力更生的脱贫典型，激发脱贫致富奔小康的热情和信心，增强了贫困群众内生动力和自我发展的能力，使群众思想发生了巨大的变化，“志智双扶”取得良好效果。

家人眼中的“愧疚书记”

“爸爸，我拿 100 块钱买您两天，陪一下我们好吗？”

每当说起家人，陈林的心中满是愧疚。他小儿子现在一岁多了，会喊妈妈、姐姐，就是不会喊爸爸。“回家太少了，娃娃认不得我。”说起家人，他红了眼圈。

去年中秋节，已经两个月没回家的陈林，好不容易回了趟家。不料，刚吃了两口饭就接到一个电话，要马上赶回村里开会。

当他拿起包准备走出家门时，7 岁女儿问：“爸爸，你那么辛苦，一天工资多少钱啊！”陈林为了让女儿知道赚钱不容易故意说：“姑娘，爸爸工资一天才 50 块钱。”

女儿转头便从平时存零花钱的罐里拿出 100 块钱递给陈林，说：“爸爸，我拿 100 块钱买您两天，陪一下我们好吗？”陈林顿时心如刀割，陈林回过头不让女儿看到自己红透的双眼，告诉女儿：“乖姑娘，好好学习，今后你会理解爸爸的……”

临走时，女儿又叫住陈林，并给陈林两个自己折的桃心，说：“爸爸，你累的时候就打开一张来看。”当天晚上回到村里，陈林在宿舍打开了桃心，里面是女儿写给他的 10 条祝福和 10 个小桃心，看着女儿稚嫩的字迹，陈林的心里像打翻了五味瓶一样难受。

“我是农村出来的，组织培养了我，如今组织需要，群众需要，扎根农村，就要义无反顾地去做。”37 岁的陈林，话不多，但说起脱贫攻坚的种种，却有一股火热的激情。对贫困群众，他是有大爱的。对支持自己的家人，他是有愧疚的。妻子的支持，女儿的关心，都是他在脱贫攻坚一线埋头苦干的精神动力。

“水书记”的驻村路，他敢改变，让群众思想得到转变；他敢探索，让传统产业焕发新生；他敢为人先，让干部群众凝聚力量；他肯干务实，让群众走上脱贫致富；他不是妻子的好丈夫、不是孩子的好父亲，但他却是贫困群众的“贴心人”。

◇ 本文发表于 2020 年 4 月 27 日新华网

◇ 作者：谭飞、胡荣华、蔡瑶佳

陈小娟：铿锵玫瑰　绽放在一江碧水畔

2007年，带着对美丽长江的憧憬，年仅25岁就博士毕业的她，义无反顾地踏上了长江水生态保护的科研征程。

从水生态监测、科学研究到生态规划，她勤奋好学、勇挑重担、开拓创新，取得丰硕成果，逐渐成长为水工程生态研究所的科研骨干。

她就是水工程生态研究所生态水文学研究室主任、研究员陈小娟，近日她被人力资源社会保障部、水利部联合发文授予“全国水利系统先进工作者”称号。

因执着而美丽

十三年前，陈小娟一踏上工作岗位就赶上了三峡后续工作规划编制。从此，一个描画绿色三峡、装点美丽长江的梦想在她心田悄然拔节、开枝散叶……

她读博时专攻的是显微镜下的原生动物研究，虽有一技在身，但面对宏观的生态保护规划，颇有“拔剑四顾心茫然”的无助和无奈。然而，这并没有难倒她，凭着执着、不服输的精神，不断深入调查研究、广泛收集资料、虚心请教专家，她很快进入角色。

规划编制工作中，常常面对堆积如山的资料和纷繁复杂的组织协调工作，熬夜加班更是常事。在紧张的规划编制阶段，一行人曾身着单衣去北京集中进行规划编制，工作还没告一段落，北京就纷纷扬扬飘起了雪花。规划编制进入最为紧张的“收官”阶段，她已怀孕并出现身体不适，但仍坚持工作。谈起这些，她说能够参与这项工作是她的幸运，这些辛苦不算什么。

在时间紧、任务重的情况下，她勇挑重担，作为水生态所三峡后续工作规划编制工作组秘书及主要规划人员，完成了三峡后续工作规划中生态环境保护相关规划编制任务，规划得到了国务院批复实施。在三峡后续工作一期实施规划编制工作中，她负责完成了2个专题实施规划并得到了原国务院三峡办批复实施。

陈小娟（左二）考察德国水环境在线监测站

因勤勉而开花

在领导和同事眼里，“踏实做事”“刻苦钻研”是陈小娟的标签。

工作以来，陈小娟先后主持国家自然科学基金青年基金1项、面上项目2项、国家支撑计划子课题1项以及省部级相关科研项目10余项，在水生态基础研究方面取得了一系列研究成果。

水工程建设运行的生态效应，是陈小娟的主要研究方向。她通过监测研究掌握了大量的水生生态基础信息，跟踪三峡水库等重要水域水生生态系统的演变，分析其受工程建设运行的累积影响，为水工程生态保护、流域水生态保护与管理提供了重要基础。

针对水污染问题，陈小娟利用指示生物当好水环境的“哨兵”。通过引进、消化、吸收和创新，开展水环境生物早期监测预警系统应用研究，筛选出敏感藻类，建立藻类光合作用与典型污染物浓度间关系，提出预警设置等，相关研究成果被鉴定为国际先进。

面对水生态退化问题，陈小娟从完善水生态系统结构的角度出发，以三峡水库典型支流为研究对象，研发了以优化食物网结构为目标的生物群落结构完善技术，以提高生境复杂度、满足不同习性鱼类繁殖需求为目标的生境结构完善技术，研究成果为三峡库区水生态修复提供了重要依据。

围绕受梯级开发影响较大的长江上游特有鱼类圆口铜鱼等物种保护问题，陈小娟带领团队人员研究鱼类在繁殖条件、栖息环境、食性等方面的“兴趣爱好”，不断探索长江上游特有鱼类物种保护技术。2018 年，首次在金沙江中游放流人工繁育圆口铜鱼鱼苗 1 万余尾，获新华社报道，引起了较好的社会反响。

陈小娟（左）观察鱼苗生长情况

围绕梯级开发运行对重要鱼类自然繁殖的影响，做好鱼儿的“助产士”，陈小娟带领团队开展金沙江中游、乌江下游等相关梯级水库促进重要鱼类自然繁殖的生态调度研究，以及三峡水库、溪洛渡－向家坝生态调度试验效果监测等，为长江流域梯级水库生态调度实践、水生生物多样性保护等提供了科技支撑。

因奉献而芬芳

陈小娟既是生态水文学研究室主任，还兼任水生态所第四党支部书记。她深知这既是党组织的充分信任，也是交给她的一份沉甸甸责任。

她始终坚持党建、业务一盘棋，推进党建科研深度融合，业务工作拓展到哪里，支部工作就延伸到哪里，党支部始终为科研业务工作保驾护航。

第四党支部倾心打造了三个“高地”：以线下为主、线上为辅的“学习高地”，以党支部为堡垒的“精神高地”，以党员为排头兵的“业务高地”。党支部与研究室同频共振、相得益彰。所在党支部被评为长江委先

陈小娟汇报支部工作

进党支部，支部工作法被评为长江委优秀支部工作法，研究室被评为水生态所先进部门。

桃李不言，下自成蹊。十三年过去了，细数陈小娟获得的荣誉，她曾荣获湖北省优秀共青团员、长江委十大杰出青年、长江委青年科技英才等荣誉称号。

在长江委纪念“三八”妇女节座谈会、纪念“五四”运动100周年青年座谈会以及水生态所“不忘初心、牢记使命”先进典型事迹报告会等各种场合，陈小娟常说：“我的成长离不开长江委和水生态所为我们年轻人提供的平台和环境，离不开领导们的关心，更离不开研究团队人员的支持和帮助。”

面对未来，陈小娟表示，作为一名水生态科研工作者，应该不忘初心、牢记长江委（水利部长江水利委员会）人新的历史使命，在水生态保护的科研道路上继续奋进前行，为建设美丽长江贡献自己的力量！

◇ 本文发表于2020年1月14日长江水利网

◇ 作者：张曼舒

戴宜高：一腔真情造福一方

江苏省泗阳县卢集镇，是省“十三五”扶贫开发六个重点片区之一的成子湖片区农业大镇，陈洼村更是这个片区出了名的经济薄弱村。

在这样一个落后村，经过省水利厅派驻第一书记4年的倾心帮扶，村容村貌发生了翻天覆地的变化，村集体经济红红火火，村民生活蒸蒸日上。这位扶贫有方的驻村第一书记，就是江苏省骆运水利工程管理处人事科科长、党委办公室主任戴宜高。

夯实脱贫致富基础

2016年12月，戴宜高担任陈洼村第一书记，当他看到年久失修的村部和落后的办公条件，心里咯噔一下。他不等不靠，积极筹措40余万元经费修缮村部，改造便民服务厅和党员活动中心，为村部购置办公电脑、投影仪、打印机、空调、安防监控等设备，更新村部宣传栏和村务公开栏，整修村部门口年久失修的广场，重新设置标准国旗杆。村部焕然一新，村民看到了脱贫希望。

脱贫奔小康，要看“领头雁”。戴宜高与陈洼村支两委班子配合初期，发现村干部存在创新理念不够、致富信心不足等问题，以至于群众对村干部不认可。戴宜高找原因出举措，建起村级党校，带头讲党课，扎实开展主题教育，提振村干部打赢脱贫攻坚战的精气神。他分批安排村组干部到南京、扬州、淮安等富裕村组取经。

他推行村务公开，让村民参与村级事务。村民无兴趣发展产业，他深入农户家中和田间地头，帮算发展经济作物的经济账，讲党的扶贫政策，及时发布适宜的致富信息。同时，他耐心做思想工作，把干群拧成一股绳，使大家心往一处想，劲往一处使。

补齐农田水利短板

陈洼村6500多亩农田的灌溉、排水设施，30多年没有系统治理维护，沟渠河道淤积严重、河床抬高，涵闸泵站老化、故障频出，长期存在农田旱期缺水、汛期受涝的问题。了解到这些情况后，作为水利干部，戴宜高立即与村委制订整治维修方案并向后方单位党委汇报，骆运水利工程管理处党委书记李太民带领戴宜高与江苏省水利厅和泗阳县水利局等多次协调，争取到各项经费600万元。施工时，戴宜高每天都在现场督促施工进度和质量，研究调整方案，协调供电等。戴宜高还发挥机电排灌专业特长，对涵闸泵站设备逐台进行维修保养，经常干得汗流浃背、腰酸背痛。

功夫不负有心人。在戴宜高的带领下，陈洼村先后疏浚7公里沟河，2000多亩农田实现高效节水灌溉，新建2座泵站和4座桥梁，使4000亩低产田变成旱涝保收高产田，改写了2000亩农田不能种水稻的历史，全村粮食产量连年增长。几年来全体村民增收100多万元。

村民感激地说："今年虽遇水灾，但秋粮长势不比往年差，有希望丰收，这多亏了我们的好书记。"

戴宜高（左三）与村干部深入贫困村了解秋豆生长情况（高雅　摄）

为民排忧赢得赞誉

陈洼村4200多名村民中，当时有建档立卡低收入者188户569人，大多是因病、因残、因灾等原因致贫人员。戴宜高千方百计多方联系社会各界筹资 7 万多元，救济特困村民 140 余户。驻村这几年，在春节前他还自费慰问特困村民。

当他得知陈洼村幼儿园附近师生必经的涵洞年久失修、存在重大交通安全隐患时，立即向泗阳县水利局反映，并争取到全省唯一对村级下达的小型农田水利建设管护省级奖补资金 15 万元，赶在汛前拆除涵洞，新建一座便民桥，消除了师生和村民的交通安全隐患。便民桥竣工通行那天，有位村民在桥身护栏上贴上“脱贫不忘带头人，过桥不忘戴书记”的对联，表达感激之情。

2019 年 12 月 30 日，当戴宜高驻村扶贫结束要离开陈洼村的时候，许多村民闻讯丢下农活自发来到村部门前为他送行，村民们恋恋不舍地说：“戴书记，希望你能留在我们村再多干几年！”74 岁的原村支书张士才眼含泪花，代表村民将写着“为民办实事、赢得百姓心”的锦旗赠给戴宜高，送行场面无不让人为之动容。

村支书于颖说：“戴书记是个勤政为民的好书记，他敢担当善作为，是我们学习的好榜样！”

村民于永超说：“戴书记官虽不大，但他为官一任造福一方，就是好官！”

◇ 本文发表于 2020 年 8 月 20 日《中国水利报》
◇ 作者：姚雪枫、王洁、韩宏举、杨光

杜宪奎：从吸泥船上开始的治河人生

有这样一段时光，浸透着汗水，在个人记忆中珍藏。

有这样一项工作，见证了许多人的青春，也承载了一代代黄河人的拼搏岁月。

1970 年，靠着“一颗红心两只手”，德州黄河河务局职工们自力更生，艰苦创业，仅用几部电焊机、几把铁锤就开始了轰轰烈烈的造船事业。当年 9 月，黄河上第一只简易吸泥船“红心一号”在齐河南坦险工下水运转成功，正式开启了黄河上淤背固堤、以河治河的新篇章。一批又一批的黄河人走上吸泥船，在河心的“孤岛”上劈波斩浪。

50 年后，走在黄河大堤上，满目苍翠的林木草地让人心情舒畅。“大堤淤宽了，防洪强度上去了，除害兴利，机淤固堤技术称得上一举多得，是职工在黄河下游治理实践的伟大创举。”67 岁的山东黄河河务局原副局长杜宪奎对于吸泥船的机淤固堤工作给出了甚高的评价。

1972 年参加治黄工作，2012 年退休，40 年的职业生涯中，杜宪奎既经历过一线施工的战天斗地，也有过搏击时代浪潮的改革求索。在新中国成立 70 周年之际，面对笔者如何诠释黄河精神的提问，他选择将自己吸泥船上那段难以忘怀的岁月作为回答。

生活条件非常简陋，但从没人抱怨过

1971 年，为解决黄河济南窄河段凌洪威胁，国家批准修建北岸齐河展宽工程。北展区几万群众需要原地修筑村台解决住房问题，所需土方量巨大。与此同时，黄河堤防也亟待淤土培厚加高来增加防洪强度。水利部批复，通过制作简易吸泥船的方式开展淤土作业。刚刚研制成功的吸泥船临危受命，工作经验被迅速复制推广。齐河展宽工程外缘的河道内很快汇集了 20 余艘吸泥船，一时间工程现场旌旗招展，干劲冲天。

1972 年，20 岁的杜宪奎被分配到齐河黄河修防段，第一份工作就是登上吸泥船，自此开启了个人的治河历程。

“当时的吸泥船，其实就是在河道中的简易工作平台，船体有钢板的，有木板的，还短暂出现过水泥浇筑的。”杜宪奎回忆说，“船上的生活条件非常简陋，船舱就是一层油毛毡、两层草席，再用木架子支起来的临时工棚，作用仅限于遮风挡雨。”

夏天猛烈的阳光炙烤下，船舱内温度时常在三十六七摄氏度，像个桑拿室，船上工作的职工经常是汗流浃背。冬天，河道内气温下降到零下十几度，为了保暖，每个人都把能避寒的东西全穿在身上，裹上棉衣棉袄，夜里休息时再盖两层棉被，有的还要外加一层塑料布。

杜宪奎查阅资料

“河道里风沙大，刮起风来船头船尾两个人都看不出对方是谁。”关于这段经历，杜宪奎记忆格外深刻，“早上起床，看看船另一侧同事灰扑扑的脸，只见到一双眼睛、一口白牙，嘴里全是沙子。”

物质条件匮乏，生活环境恶劣，但这些丝毫没有影响黄河人干事创业的热情。“从没人抱怨过，因为客观环境都是一样的，”杜宪奎轻描淡写地说，“几百号人的心思都在提高淤沙产量上，都要在工作上争个高下。”

机器一停，立马就醒了

1973 年，杜宪奎被任命为 9 号吸泥船船长。船长，意味着更大的责任。

当时，每条吸泥船配 10 名工作人员。每天吸泥船上要保证有 3 人操作，其余的人轮流在坝头附近临时房内休息。但无论是夏季忙碌的生产，还是冬季河道内的值守，船长都要雷打不动地守在船上。一年 365 天，没有周末和假期，除去阖家团圆的节日，杜宪奎很少离开吸泥船。

靠着工作中不断地思考、摸索，杜宪奎总结出了一套提高产量的方法。首先就是要定好船位，通过分析总结水沙规律，确定含沙量高、易出沙的吸泥船工作位置。

“选位置要看地形、看溜势、看河势变化。干得多了，见得多了，我们也就总结出了经验。哪里的沉沙颗粒细不易抽，哪里的含沙量高，什么样的流量最易输沙……”即使已经过去了40多年，杜宪奎依旧对过往这些经验如数家珍。

另一个简单直接的方法，就是尽可能地延长工作时间——换人不停机，机器连轴转。

为了避免机械维修保养时间外的停机，在船舱内提前预备了胶皮带、油管、叶轮、轴承等常备零件。一旦机器发生故障，立即组织抢修。长此以往，杜宪奎和船员们养成了一个特殊的习惯。“每天的工作都很疲惫，无论船上机器多吵，扒拉出个地方我们倒头就能睡。但是奇怪的是，如果发生了故障，机器一停，立马就能醒，得抓紧时间修。”杜宪奎说。

就像上战场一样，都拼刺刀了你能不拼嘛

船长不好当，既得是“领头狼”，又要是“拼命郎”。当时的杜宪奎常挂在嘴边的口号是“日超千、旬超万、一年干它几十万”。为了拼产量，年轻的杜宪奎们靠着一股子拼劲、闯劲，完成了一次又一次“不可能”的任务。

在那个缺少生产工具的年代，吸泥船上的工作中最困难的当属迁船移管道。迁船距离短则一两公里，长则二三十公里。由于没有运输设备，船上的小零件用自行车运，重物只能靠地排车拉，装卸全靠人工。“当时输沙管道用的是胶管，比不得后来用的钢管轻便，一根管子七八米长，二三百斤重，装卸运输全得靠人扛，那可是个力气活。”说到激动处，杜宪奎用手比画着，“但是啥困难都能克服”。

一次迁船任务，原计划8天完成，但当时恰逢流量适宜、含沙量高，杜宪奎实在舍不得这个提高产量的好时机，动员大家拼命抢时间。早上天一亮就开干，晚上吃完饭后，借着月光继续干，平均每天工作14个多小时，仅用4天就完成了计划。

“当时干完那个活，大伙的衣服磨烂了，我的肩膀也不知道啥时候磨破了。”时至今日，谈及这段经历，杜宪奎脸上仍会流露出自豪之情，“当地一名生产队长被我们的工作速度吓了一跳，一个劲儿地夸我们不可思议。”

人人专注于干事业，唯一看中的是工作能够出成绩，没人计较自己付出的那份辛苦。“处于当时那个环境，就像上战场一样，都拼刺刀了你能不拼嘛，谁都这么干！”杜宪奎激动地说。他们形象地把每一次急难险重的工作任务称为一次“会战”，没有黄河人会当“逃兵”。

杜宪奎（左）与同事沟通工作

就这样，在如此艰苦的条件下，他带领的九号吸泥船硬是创出一年处理淤沙五十多万立方米的高产。这条吸泥船更是连续多次被黄委、山东黄河河务局评为先进集体。

这是一项值得奉献的事业

环境历练人，环境造就人，杜宪奎在吸泥船上一干就是6年。船上的锤炼，也塑造了杜宪奎坚毅的人生性格，决定了他后来扎实的工作作风。

后续的工作中，杜宪奎历任齐河黄河修防段段长、齐河黄河河务局局长、淄博黄河河务局局长、山东黄河工程局副局长、山东黄河河务局副局长。乘着改革开放的春风，杜宪奎同山东黄河河务局领导班子一道，在前几任班子工作的基础上规划了山东黄河的经济发展路径，审时度势，大胆创新，逐渐探索建立了山东黄河工程施工、跨河交通、引黄供水等几大经济支柱性产业，黄河职工的生活越来越好，山东黄河事业蒸蒸日上。

“黄河是一项神圣的事业，黄河安危事关国家安危，黄河的发展也折射出了国家的发展”，杜宪奎这样总结他为之奋斗了一生的事业，“黄河治理的成果，印刻着一辈辈黄河人的奋斗剪影。这是一项值得奉献的事业，作为黄河人应该倍感珍惜。”

中华人民共和国成立70年来，黄河治理的脚步从未停歇，吸泥船的轰鸣仍回响在大河两岸。杜宪奎是一个代表，机淤固堤工作也只是一个局部。一代人有一代人的使命，面对新目标新任务，山东黄河人依然“驰骋沙场”。

◇ 本文发表于 2019 年 10 月 17 日山东黄河网

◇ 作者：张睿、杨璐畅

高原：做一名坚守初心的水务局长

高原，从名字就知道是大山里出来的孩子。

因为感恩于山，山水情浓，所以选择了水利。

1991 年，21 岁的高原从贵州水校毕业，怀揣着青春的梦想，挎上简单的行囊，毅然放弃留省城发展的机遇，选择到黔南州水务局工作。

这一干，就是 30 年！从一名普通的技术员，到副科长、科长、副局长、局长，先后多次获水利部、省人民政府、州人民政府表彰。

一路走来，高原用自己的铮铮誓言，不断践行着初心和使命，用无悔的人生书写着黔南州水务事业的新篇章。

为民而忧，百万群众喝上放心水

在决战决胜脱贫攻坚战期间，高原始终牢记习近平总书记关于全面小康的路上“不漏一户、不落一人”的重要指示，将山区群众吃上稳定水、干净水、放心水作为干好水务工作的着力点，2019 年 6 月，黔南州率先全面解决了 349 万农村人口饮水安全问题，农村供水普及率达 96%以上。同时，高原还积极探索城乡供水一体化改革，在全省极贫乡镇平塘县大塘镇实现了村镇供水一体化管理，成为全省学习的样板，平塘县推进公司化运行管理覆盖农村人口达 96%。为解决农村饮水安全长期以来管理不善的局面，高原又及时调整了工作思路，创新推出了龙里

高原（右二）与困难群众进行座谈，了解生产生活情况

县“三个三”和惠水县“一带三补”管水模式，创新出台黔南州农村饮水安全工程运行管理办法，着力破解农村饮水工程“建而不管、管而不善”的难题。这一举措，在2019年5月召开的滇桂黔石漠化片区区域发展与脱贫攻坚现场推进会期间，得到了水利部鄂竟平部长的肯定。

解民所困，破解工程性缺水瓶颈

“要让老百姓过上好日子，必须保障生产用水。水是农业的命脉，水利人要千方百计抓好水利基础设施建设。”

高原这样想，也是这样做的。针对全州水利基础设施薄弱、工程性缺水严重、防汛抗旱能力弱等实际问题，高原身先士卒，带领一班子人员，跑省进京争项目，全面夯实水利基础设施建设。福泉凤山、都匀石龙、独山甲摆3座大型水库成功列入国家水利发展“十三五”规划，占全省规划大型水库的21%；全州累计开工建设的水库达70余座，是“十一五”期的9倍。尤其是福泉凤山大型水库开工建设，结束了黔南州没有大型水库的历史。全州人均灌溉面积提升到0.86亩，人均可调控水量提升到404立方米，高于全省平均水平，为全州经济社会发展提供了供水支撑和保障。

急民所愁，水生态建设如火如荼

“我们水利人做工作要着眼长远发展，不能只追求眼前利益，做生态的破坏者，成为历史的罪人。”

高原总是告诫自己及身边的工作人员。有了这一理念，近年来，黔南州抢抓入选全国第二批105座水生态文明城市建设试点机遇，以水生态文明建设为引领，将水利项目与水生态文明建设高度融合，建设试点项目90余个，完成总投资达73亿元。成功打造“都匀毛尖”茶博园杉木湖水域工程、十里剑江沿河风景名胜区、“张三丰太极文化”福泉古城沙河水生态等工程，一批具有民族特色的水生态示范项目建成并发挥效益，水利部评估验收评为“优秀”。连续举办了六届“水生态文明·黔南论坛”，水生态文明黔南品牌持续擦亮。严格实行最严格水资源管理制度，连续四年度水资源“三条红线”管理考核获全省第一名。

“上善若水”，孜孜不倦的30年，造就了高原如水一样清澈的性格。

有人问："老高，面对荣誉和成绩，你是怎么想的?"高原总是平静地说："作为一名水务人，能为水务事业做点贡献，我只是坚守了初心，践行了使命。"

◇ 本文发表于 2020 年 4 月 28 日新华网

◇ 作者：谭飞、胡荣华、李正兵

葛应轩：迈出改革开放第一步

老局长葛应轩是江苏沭阳县人，1949 年 5 月任沂涛乡财粮委员，1951 年 2 月从苏北来到山东黄河河务局工作，从那时起便开始了他长达 44 年的治黄历程。葛应轩最初是山东黄河河务局测量队的一名测工，20 世纪 60 年代在河道观测队工作，“文化大革命”后调入山东黄河河务局机关，职务从工务处副处长、处长到山东黄河河务局副局长、局长，1994 年 10 月离休。作为改革开放的执行者、事业进阶的参与者、黄河精神的传承者，葛应轩感受最深刻的是山东黄河河务局改革开放进程，“我们迈出了山东黄河河务局事业改革、经济发展的第一步！”

1954 年，黄委观测记录员合影，前排左二为葛应轩

改革开放的执行者：拉开了山东黄河经济跃进的序幕

1978 年 12 月，党的十一届三中全会在北京举行，开启了举国上下改革开放的历史新时期。为了响应国家号召、寻找发展思路，黄委领导亲自带队，组织黄河系统各单位赶赴全国各地学习。调研组北至松辽委，南至珠委，考察了很多兄弟单位。葛应轩作为山东黄河河务局的代表，一路跟队参观，触动很大。“他们有开旅馆的、有开饭店的、有办厂的，干啥的都有，所有人都在解放思想、大胆改革，走向市场。”

“取经”归来后，葛应轩立刻牵头着手筹备改革事宜，自此拉开了山东黄河河务局改革的大幕。第一步，就是提高广大职工发展经济的积极性。当时绝大部分职工习惯了端“铁饭碗”，从未想过利用单位优势发展经济，误认为那是走资本主义，避之不及。当时国家财政拨款仅占山东黄河河务局实际支出的 40%，仅凭“铁饭碗”日子将难以为继。葛应轩主动和职工交流，让职工认清单位严峻的经济形势，增强大家经营创收的紧迫感和主动性。

本着“宜工则工、宜农则农、宜商则商”的原则，葛应轩牵头确定了三个经济发展主方向，经党组商定后逐级落实。第一个是施工企业建设。山东黄河河务局凭借技术设备优势和丰富的工程建设经验，主动承担系统内外较大规模的水利、桥涵、公路等工程的规划、设计、施工工作，这部分收入占山东河务局总收入的一半以上。第二个是工商业。山东黄河河务局先后建成了济南船舶工程处、梁山机修厂、河口玻璃厂、东银铁路局水泥厂等，位于城区或交通便利的单位还开店（饭店、旅店、商店、加油站等）经商，这些项目约占全局总收入的 30%。第三个是农业。最初，盖家沟河务段开发了四五十亩良田，种植了水稻、棉花、蔬菜，长势喜人。葛应轩考察后认为，“要是每个河务段都搞个百儿八十亩，种点粮食蔬菜，挺好!”于是积极向黄委请示，从 1989 年开始，连续 3 年将淤背区开发列入黄委基本建设计划。从盖家沟开发第一块淤背区，发展到 85 个河务段拥有 8500 亩水利配套良田，山东黄河河务局建立了粮食、蔬菜、水果、药材、养殖等高产高效农业。

此外，按国家政策，山东黄河河务局从 1990 年开始推行水费体制改革，依照国家最低水费标准的 60%收取，仅第一年水费收入就突破了 700 万元。

事业进阶的参与者：开创了敢闯敢干勇为人先新局面

在党的改革政策推动下，山东黄河河务局推出了一系列内部规定，构筑起为山东黄河创新发展保驾护航的制度体系。

1980 年，山东黄河河务局党组决定在全局实行基本建设工程“三包”（包投资、包质量、包工期）责任制，结余款项全部归单位所有，逐步解决了施工管理不善、超支浪费、“民工干、职工看”的问题。制定事业费承包办法，拨付数额根据各单位收入水平确定，年初一次定死，超支不补，结余归本单位建立三项基金。鼓励承包项目、向基层让利，承诺各单位经办实体后，机构经费拨款水平不降低，多种经营定额上交数（前3年平均收入的5%左右）三年不变，允许职工进入经济实体后政治待遇不变，不影响评定技术职称、晋升工资。另外，引进外资的按引进资金1%奖励，引进内资的按引进资金0.5%奖励，提供经济信息并被采用的按创利的0.5%提取信息费。

1981年，葛应轩（左）与同事查看兰家险工

40年后的今天，老领导葛应轩重新审视这些政策，慎之又慎地评价道："它们并非尽善尽美，也不普遍适用，但对我们事业发展确实起了作用。"事实上，不仅起作用了，而且是革故鼎新的大作用。一项项配套政策相互咬合，汇聚成逼着干、激励干、给空间干的浓厚氛围。一时间，全局干事创业的积极性被彻底调动起来，地县级以上单位均设置了综合经营专管机构，许多单位一把手亲自跑项目、揽工程，各项事业全面开花，蓬勃发展。1988年年底，全局综合经营总产值已近4000万元，纯利润超过350万元。到1993年，综合经营总产值高达10009.3万元，其中纯利润1701.1万元。1987年至1993年，山东黄河河务局连续7年获得黄委（水利部黄河水利委员会）"年终考核目标一等奖"，经济发展成果广受好评。

在这个过程中，山东黄河河务局培养出大批懂管理、善经营，敢于打破常规、勇于改革创新的干部，出现了很多"第一"事件，比如买了第一台汽车、建了第一座浮桥、盖了第一座宿舍楼。当时利津修防段赚了不少钱，段长宋诚德马上拍板买了山东黄河河务局的第一台汽车，那是一辆上海牌轿车，花了11万元，在那个年代非常珍贵。之后全局用自己的钱买车、买设备，添置了不少固定资产。20世纪80年代末90年代初，东阿黄河河务局将经济发展目光投向交通，兴建了黄河历史上第一座浮桥。当时葛应轩询问东阿黄河河务局负责人张亘，"符合政策吗？能赚钱吗？""符合，能！""那就搞吧！"就是这样一段对话，开了山东黄河河务局发展跨河交通的先河。几十年过去了，跨河交通已经成为黄河经济的重要组成部分。盖房子的历史则始于一扇门。1985年左右，东营黄河河务局单位修了一个大门，葛应轩前去调查，发现修门的工人是东营黄河河务局职工，没花公家一分钱。山东黄河河务局党组研究后从制度上对类似事件进行了规范，自此，各单位的宿舍楼和办公楼如雨后春笋般建了起来，1993 年山东黄河河务局住房面积已近 6.5 万平方米，办公用房超 6.5 万平方米，大大改善了职工的工作生活条件。

就这样，一家家公司开起来了，一个个项目干起来了，一台台设备买回来了，一栋栋大楼盖起来了，山东黄河河务局整体进入了人人讲改革、个个愿拼搏的新时期。

黄河精神的传承者：为实现黄河事业永续发展传薪火

回顾山东黄河河务局的改革发展历程，老领导葛应轩认为最重要的经验是抓住两个关键。首先是把政治建设放在第一位，坚持党的领导，坚持四项基本原则，以经常性学习和层层监管确保发展不脱轨、不掉队。政治路线确定后，干部是决定因素。改革期间，山东黄河河务局共提拔副处级以上干部 60 余人，他们讲政治、有文化、懂业务，为改革开放贡献了举足轻重的力量，有的现在仍然在各个岗位孜孜不倦地奋斗着，是黄河系统顶得住、靠得上的中坚力量。

从 1980 年推行基本建设工程“三包”责任制，到 1993 年实现跨越式经济创收，山东黄河河务局“迈出了改革开放的历史第一步”，完美解答了如何落实改革开放政策的时代命题。万事开头难，这一步为山东黄河后续发展提供了宝贵经验，也展现了山东黄河人敢闯敢干、埋头工作、敬业奉献的精神品质。葛应轩希望把这种精神品质传承下去，发扬开来。

谈到对下一代的期望，葛应轩殷殷寄语年轻职工：“现在国家形势大好，治黄事业的发展形势也很好，广阔天地大有可为，我们的希望就寄托在你们年轻人身上。既然来到黄河系统，就要继承和发扬黄河的优良传统，热爱党、热爱国家，保持政治上的清醒和坚定；要努力学习，勇于实践，多看、多积累，尽快熟悉情况，兢兢业业、老老

1997 年，葛应轩去新疆承揽工程

实实地把工作干好，做各行各业的专家，把黄河事业推上更高水平。要办成一件事，主观努力很重要，做人也很重要，因此还要自觉彰显光明磊落、大公无私的高尚品质，全心全意为人民服务。”

“年轻人是黄河的未来。”老领导言语中，满满的都是信任和殷切期望。

◇ 本文发表于 2019 年 10 月 11 日山东黄河网

◇ 作者：王雪梅、王光忠

胡金洲：南水北调圆了世纪梦

坚守调水初心，担负建设与运行使命。作为南水北调人，初心和使命一直在我们的工作生活中。

初心因奋斗而精彩，使命因艰巨而光荣。从20世纪50年代毛泽东主席的科学构想，到21世纪初的付诸实施、建成通水，南水北调工程历经了一个甲子，圆了国人世纪梦想。

为了这一世纪梦想，2004年，全国各行业精英陆续从四面八方汇聚京津冀豫千里长龙，组建南水北调中线干线工程建设管理局，自此开始了历时10年的建设历程。这年10月，我奉命来到漕河建管部担任总工程师、副部长，此后历时5年，职位职责虽有所变化，但我的初心一直没变，志向一直未改。从满城雾山隧洞到西黑山水闸，从吴庄土渠到漕河渡槽，30多公里的工地上留下了我辛勤的汗水，亲历了那里的风风雨雨，目睹了那里的大干快上，见证了渡槽的拔地而起，领教了抛家舍子的艰辛。

胡金洲在办公室

2008年夏天，我和同事们顶烈日，战酷暑，在工地上为京石段工程应急通水做最后的冲刺，面对多个豁口、堤埂等影响通水的艰巨任务，我们压实责任、挂图作战，抓协调、定措施、上资源，全天候盯守……2008年9月18日，一个令人难忘的日子，南水北调京石段应急供水工程建成通水，我们这些建设者们向祖国和人民交上了一份满意答卷。

时光流逝，难忘峥嵘岁月。2010年3月，我奉调天津直管建管部，加入到南水北调天津干线工程建设团队，自此开始了天津干线工程建设到通水运行的激情岁月。万木葱茏的津冀原野上，热火朝天、汗流浃背、人声鼎沸、机器轰鸣的工程建设壮观景象，已成为卧在原野中地下箱涵潺潺流水的背影。2013 年 12 月，随着最后一仓混凝土浇筑成功，天津干线主体工程完工，155 公里输水箱涵全部建设完成。2014 年 12 月 12 日 14 时 32 分，南水北调中线干线工程正式通水，一条输水巨龙灵动地展现在中华大地，为干渴的华北送去源源不断的优质水源。

通水以来，天津干线工程经受住了各种困难和风险挑战，已实现 1600 多天连续不间断安全供水，水质稳定达标，保持在地表水Ⅱ类标准及以上。如今已进入第 5 个调水年度，向天津市供水量逐年提高，累计已超 40 亿立方米。供水范围覆盖天津市中心城区、环城 4 区及滨海新区等 14 个行政区，近千万市民受益。有效缓解了天津市水资源短缺局面，使天津市水资源保障能力实现了战略性突破。

胡金洲（左二）在工程现场

15 载春秋冬夏不舍昼夜，40 亿清流进津惠及民生。今天的成绩来之不易，但这仅仅是一个开始，我将继续带领天津分局的同事们，大力弘扬“忠诚、干净、担当，科学、求实、创新”的新时代水利精神，紧紧围绕中线建管局“供水保障补短板、工程运行强监管”的工作总思路，不断推进标准化、规范化建设，确保工程长期安全平稳运行，为天津市经济社会发展和“美丽天津”建设提供可靠的水源保障。

◇ 本文发表于 2019 年 9 月 16 日《经济日报》
◇ 作者：胡金洲

黄英宗：十年守水人　坚守最后除夕岗

2020 年 1 月 24 日是大年三十，早上 8 点，京密引水管理处温泉管理所三院闸工作人员黄英宗就像往常一样，巡视在团城湖畔。先是打开有着几道巨型耙齿的清污机，将河道里的漂浮物卷上来，再对着河道上蓝白相间的水尺，认真记录下水位……

位置特殊 被称为“定海神针”

黄英宗工作的三院闸，地理位置颇为特殊，处在玉泉山脚下、颐和园旁，作为团城湖调节池的第一道闸站，它不仅是普通性质的闸站，它还背负着监测整条输水动脉水质情况的重任。而黄英宗就被称为三院的“定海神针”。

原来，三院闸本来人员就少，而和黄英宗搭班的同事身体不好、家里老人又需要照看，于是黄英宗便主动承担起了全部的值班任务，一年 365 天几乎天天驻守在这里，什么“五一”“十一”、春节这些重大节日，他都坚守在团城湖畔。“我是 1991 年从部队复员转业到京密引水管理处的，2010 年 5 月到了三院闸，快 10 年的时间，就都奉献给团城湖了，3 千米的巡湖路我每天至少早晚各走一个来回，一年下来就是 2000 公里，一草一木都在我心里了！”黄英宗说。而据温泉管理所副所长陈希成介绍，因为长年走路，黄英宗膝盖半月板损伤严重，但为了不耽误工作，拖到去年才去做修复手术，“还是部队生活的磨炼，直到现在我们仍然能从他身上感受到浓浓的军人气息。”陈希成还指着高台上的闸机说：“提闸放水，因为是要手工摇，我们想着黄师傅是老同志了，就总打电话问要不要派两个年轻人，但十之八九黄师傅都说自己能搞定。”原来，三院闸提起放下都需要像装卸车轮一样，手动摇，摇三圈可以抬高 1 厘米，“要是提闸 70 厘米、90 厘米，可得不少力气！”

提闸放水从来都是黄英宗自己搞定（郝羿　摄）

每天“看鱼”　时时监控水质变化

昨天上午 10 点，在巡视完河道后，黄英宗要做的一件事就是“看鱼”，看的可不是啥观赏鱼，而是大名鼎鼎的医学用鱼——青鳉鱼。只见黄英宗打开一个标记为“水质在线生物安全预警系统”的高柜的柜门，露出 8 根粗大的玻璃管，每个玻璃管内都有 4 条全身透明、长约 2 厘米的小鱼在优哉地游动着。“这种青鳉鱼，因其对水质极其敏感，就被我们当成预警员。看它的生存动态，就能知晓水质的状况。”黄英宗解释道，水质稍有污染，青鳉鱼就会焦躁地乱窜。透明玻璃管外有微型传感器跟踪拍摄，并通过三维数据传到计算机里进行分析。如果小鱼游动的路线异常，仪器就会报警，启动人工检测。“你看，上面的计算机屏幕显示着水质安全，小鱼游得也悠闲，说明水质没问题!”

“看鱼”观察水质是黄英宗每天的工作（郝羿　摄）

南水进京　曾一晚报 37 次水位

随着南水进京，团城湖现在既承担着向郭公庄水厂、第十水厂、黄村水厂等正向供水的任务，又有向密云水库反向供水的职能；同时，调水指标也越来越精细。因此，调水命令一来，黄英宗就得时不时报水位，经常夜里不得休息。而在大年三十，黄英宗也是该调水还是要调水。他说，最频繁的时候，20 分钟一报水位，一晚上报了 37 次，“那是 2016 年 7 月 20 日那场强降雨，为准确掌握雨水情况，我每隔 20 分钟需要冒雨观测一次水位，同时又要一次次将水位变化数据上报到所里和防汛办。雨衣早就不顶事儿了，我每隔一段时间还要去团城湖巡视一圈，真的是在雨中一路小跑，回来再继续测报水位，还要不时操作清污机清理杂物，以保供水正常，就这样来来回回从中午 11 点 30 分到凌晨 4 点 30 分，我就没消停过。”黄英宗回忆说。

黄英宗观测水位（郝羿　摄）

走进黄英宗的办公室，一篮子瓜子、一篮子水果，显示着年味儿，而说起除夕怎么过年，黄英宗有些激动，“3 月 17 日我就正式退休了，所以今晚我们一家人都会到我这儿来过年，陪我站好最后一班岗。”

一旁的陈希成表示，黄师傅最大的遗憾就是家人生病时无法陪伴，“他母亲多次下达病危通知书，黄师傅却无法经常陪在病床前，每次急匆匆去，又含着泪急匆匆回。现在已是三代同堂的年纪，也无法腾出时间陪着孙子去趟游乐园，只能看着家人发来的视频。退休后，他可以好好陪陪家人了！”

◇ 本文发表于 2020 年 1 月 25 日《北京青年报》

◇ 作者：解丽

卡文明：黄河岸边的若加

老卡姓卡，名文明。1953 年 3 月出生，已退休 6 年。平日里，年长的同事都亲切称之为老卡。退休后常住老家。在老卡长达 36 年的黄河水文生涯中，先后就职于吉迈、鄂陵湖、唐乃亥、贵德等水文站。其间近 30 年，他是黄委上游水文局唯一的藏族同胞。

老卡家的小院

得知我们要来造访，一路上老卡不时打电话询问到哪里了，是否需要前往群科镇带路，等等。远远的，就看到老卡站在路边，黝黑的皮肤，热情的笑容，让人一扫路途困顿。前往老卡的家巷道里，几个孩子躲在墙角处探头张望。走近老卡的家，大门正上方有五彩经幡迎风招展。这是藏族人家典型的标识。刚一落座，老卡的老伴拉毛吉就前来倒茶问候，脖子上戴着一串佛珠。宽敞明亮的客厅，少说也有好几十平方米，再加上几间大卧室，用玻璃封闭的宽敞的走廊以及几间半旧的房屋，让人心生羡慕。何况还有一个面积不小的院子，一进大门就有花木清香迎面扑来。一棵枝繁叶茂的核桃树，上面挂满青青的核桃。核桃树下，月季花五彩缤纷。旁边还有草莓、葡萄、杏子、李子、玉米、豌豆、萝卜和白菜。向日葵正在开花，金黄灿烂。一只体型硕大的蜜蜂贪婪采蜜。拉毛吉摘了一小把豌豆递了过

卡文明夫妇合影于自家小院

来，剥开，直接入口，悠长悠长的清香……

见老卡家的客厅里有暖气片，询问得知，这暖气是五年前盖新房时自己买的小锅炉烧的，取暖效果不是很好。退休后的老卡，大多时间住在村里，西宁的房子基本上处于空置状态。村里闲适、安静，不足之处就是看病、买药困难以及冬天过于寒冷。

说话间，老卡的外孙女从里屋抱了一个毛绒玩具出来了。问她名字，老卡说，“人家会写自己的名字呢。”得知让写自己的名字，她很开心，飞快地跑到里屋，拿了一张旧报纸，在上面很工整地写了“彭毛央宗”四个字，还说这是她姐姐教她的。

忆往昔，峥嵘岁月

老卡有两个女儿，大女儿在青海省同仁县中学当老师，女婿就职于同仁县公安局。大女儿先后为老卡添了两个外孙女。平时外孙女都在同仁县，只有放假了才回来住几天。从事教育的大女儿平日里不让他们老两口带孩子，说是老人带孩子容易溺爱，忽略教育。小女儿 30 岁了，就职于青海省河南县水务局，至今单身。说到这里，老卡叹了一口气，起身走出客厅。片刻，拎了一瓶青稞酒过来，说：“你们不喝酒，我就自己喝两口啊。”刚斟了一杯，彭毛央宗就跑过来推了老卡一把，同时用藏语大声呵斥他。老卡用藏语回应了一句，招来 6 岁的外孙女在胳膊上很用力地打了一巴掌，惹得众人哈哈大笑。老卡看着外孙女，眼里满是慈祥，说要是她姐姐也在家，看到他喝酒，两人就想方设法把酒瓶子藏起来不让他喝。

几杯酒下肚，老卡的话渐渐多了。他 1977 年 7 月毕业于黄河水利学校，当时班里共 5 名青海籍学生。刚到河南开封，无论自己如何表达别人都听不懂，无奈至极。好在可以同青海籍的学生正常交流，大多时间由他们代为表述。5 个同学如今都退休了，其中包括曾获得全国“五一”劳动奖章的谢会贵。如今老谢还时不时到村里来找他叙旧，喝几杯青稞酒，吃些手抓羊肉。至今老卡还记得，报到时学校给每人发了一个三件套：枕头、被子、褥子。还说虱子比苍蝇都大。毕业后，被分配到海拔 3900 多米的吉迈水文站工作，几年后调到鄂陵湖水文站，1995 年 5 月调动至唐乃亥水文站，后来又调到贵德水文站，直至退休。老卡说刚参加工作时，每年的假期只有 20 天，买张车票都很困难。600 公里的路途，路也不好，车也不好，一个单程至少需要 3 天。途中没有食物，就吃自己背的生羊肉。

公共自行车丢了

退休后的老卡，生活自在简单。每天都在村里散步，或是在自家院内侍弄瓜果蔬菜。一般情况下不敢午睡，说是睡多了晚上睡不着。不喝酒的情况下，几天抽一盒烟。一喝酒就说不清了。

前两年老卡办理了一张“西宁市公共自行车诚信借车卡”。酒微醺，骑着自行车沿西宁市湟水河畔专用自行车道骑行了好一阵子，然后刷卡，还车。第二天接到自行车管理处的电话，要求还车。老卡说已经还了，管理处说系统显示至今未还。老卡再三解释，管理处工作人员告诉他，现已逾期，自行车弄丢了，需赔偿一千元人民币，如不赔偿将列入黑名单。放下电话，万般委屈的老卡找到老谢诉说此事。老谢告诉他，如果列入黑名单，今后将坐不了飞机、高铁，诚信受到影响，还可能影响孩子们今后的发展。迫于无奈，老卡只得赔偿了一千元。

就算赔偿，怎么也要不了一千元啊。那自行车顶多值 300 元或 500 元。说到这里，老卡愤愤不平地点燃了一支香烟。

黄河从这里流过

老卡说他百年之后希望能够天葬，但若加村为农区，没有天葬台，没有秃鹫，只能火葬，很是遗憾。直到此时，我们才知道老卡居住的村庄名为若加。若加以回族人口为最多，汉族次之，藏族最少，全称为青海省海东市化隆回族自治县群科镇若加村，海拔 2070 米，距离西宁 120 公里。老卡还说，都说天下黄河贵德清，其实若加的黄河比贵德还清。在我们的建议下，老卡戴上墨镜，顶着炎炎烈日陪同我们一起去看一公里外的若加黄河。

转过一个弯，黄河映入眼帘，浑浊一片。我们打趣道，老卡，若加的黄河并不清澈呀。老卡有些不好意思，打岔说这几年水土流失还是比较厉害的，还需要加大治理力度。黄河对岸是青海尖扎县，原青海五七干校所在地。

其实我们都知道老卡说的是真的。只是他不知道近期黄委下发通知，要求龙羊峡、刘家峡水库控制运用，按 2500 立方米每秒控泄。再加上黄河源区普遍降雨，黄河青海段基本上都是浑浊的。往回走的路上，已经喝了不少青稞酒的老卡有些气喘吁吁。他说身体基本上没有什么毛病，就是气管时常不舒服，需要注意。途中，老卡还说去年他参加了黄委上游水文局组织的离退休职工活动，那是他第一次去甘肃永靖，为县城的繁华气派而震惊，同时也惊诧于那里的黄河碧波荡漾。

拉毛吉的洋芋饭

回到小院，每个人都走了一头大汗。大家坐在核桃树下，继续喝茶聊天，老卡不时询问一些同事现状。当话题聊及自家老伴时，老卡叹了一口气，说退休了，老两口也团聚了，但拉毛吉的饭菜做得一直不合胃口，也是无可奈何的事情。每天的饭菜略显单调，早上吃用青稞炒面调和出来的酥油糊糊，中午炒菜馒头，晚上洋芋饭。94 岁的老母亲也住在村里，多年来，一直由拉毛吉照顾。在村里，拉毛吉的贤惠善良，有口皆碑。洋芋饭是老母亲的最爱，每天一顿，必不可少。

见时间不早，我们打算辞别，老卡执意让吃过晚饭再走。就餐地点就在不远处的老卡大哥家。院内立了一根高达数米的木杆，上面挂满五彩经幡。老卡大哥家的房子盖得更加气派，为两层小楼。刚一落座，拉毛吉双手捧着一碗洋芋饭递到面前，我忙起身双手接了过来。所谓洋芋饭，就是用洋芋、萝卜和羊肉为佐料做的手工面片。老卡说，老母亲吃的洋芋饭是不沾荤腥的，只放洋芋、萝卜。

饭后老卡还是不让走，执意让带些萝卜、甘蓝和杏子。后来我们带了一包由拉毛吉亲手摘下来的杏子。已经上车了，夕阳下，满头白发的老卡依旧不舍，紧紧拉着我们的手说下次见面不知将是什么时候。

返回途中，我们一行聊天的话题还是围绕老卡来进行。曾几何时，当年吃生肉、喝烈酒、古道热肠的汉子转瞬间年近古稀。至今大家还记得那年大年三十，老卡跟老谢一起值守鄂陵湖水文站，漫漫长夜，寒风呼啸，两人围炉而坐，一瓶酒，几块肉，至大醉，扭打在一起，头破血流，借以宣泄无尽的思念。

若加，我们还会再次造访。那里有五彩经幡，那里的黄河奔腾不息。

◇ 本文发表于 2019 年 8 月 20 日《黄河报》

◇ 作者：魏云

李慧情：战“疫”向前冲的“她力量”

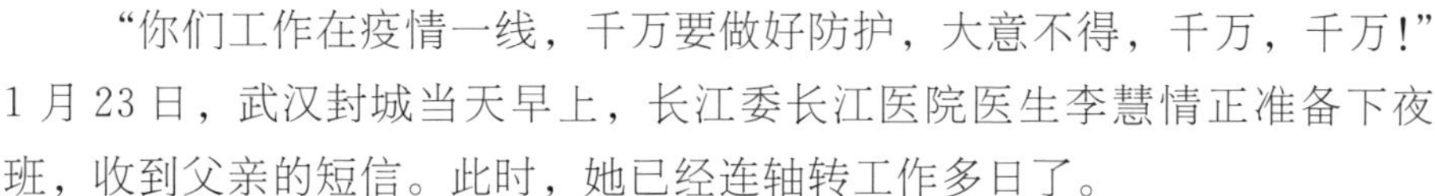

“你们工作在疫情一线，千万要做好防护，大意不得，千万，千万！”1 月 23 日，武汉封城当天早上，长江委长江医院医生李慧情正准备下夜班，收到父亲的短信。此时，她已经连轴转工作多日了。

新冠肺炎疫情发生后，李慧情长期驻守在医院发热诊室，80 岁的老父亲只能自己照顾自己。“父亲有糖尿病和高血压，身边没人照顾，他不在意，还一直惦记着我们，感觉很对不住他。”提到父亲，李慧情数次哽咽。

今年 50 岁的李慧情，是长江委长江医院急诊科主任。1 月初，长江医院组成急诊科发热诊室，李慧情义无反顾冲到救治发热病人的一线。她的爱人是长江医院放射科的医生。在抗击疫情最艰难的时期，夫妻二人坚守在医院，完全顾不上家里，索性把孩子也送到亲戚家。

除夕，合家团圆的日子，李慧情只能在视频里和亲人们见面。

“到了这个年纪都是上有老、下有小，但我是医生就有这份责任，疫情面前必须向前冲！”李慧情说，在抗击新冠肺炎疫情之初，长江医院全体医护人员立下“军令状”：“不计得失，无论生死，全力以赴，奋战到底！”

在发热诊室，医护人员作为与患者最密切接触的人群，隔离帽、护目镜、N95 口罩、防护衣、手套是每日“标配”，要穿戴好这些防护装备，需要 20 个步骤。

“我们进了发热诊室，就尽量不吃不喝不上厕所。”李慧情说，这样可以节省穿脱防护装备耗费的时间，为更多发热病人挤出医治时间，同时也可以节约防护装备，因为一旦出了病区再返回，就必须穿戴新的防护服。

高峰时，发热诊室每天有近百名发热病人前来就诊，最多时有 200 多人。李慧情经常连续八九个小时不喝水、不上卫生间。嘴唇干裂，嗓音嘶哑，汗水浸湿衣服，脸上一道道深深的压痕，是李慧情脱下防护装备后的样子，也是她的常态。像这样的常态，李慧情和她的“战友”们已经坚持了一个半月。

当下，防疫救治的重点转到了隔离点、方舱医院和定点医院。在长江医院征集人员去隔离点时，李慧情又是毫不犹豫冲在了前面：“我报名！”简简单单三个字，却听着铿锵有力、掷地有声。

李慧情（左）“全副武装”为发热病人坐诊

2月26日，李慧情向党组织郑重提交了入党申请书。李慧情说，疫情发生以来，身边广大党员同志闻令而动，勇挑重担，同时间赛跑，与病魔较量，竭尽全力救治病患，从没叫过苦、喊过累。“他们鼓舞了我、激励了我！我希望能够成为他们中的一员，以一名党员的身份和他们继续并肩战斗！”

“穿上了隔离服，戴上了口罩、护目镜，尽管一下子认不出你是谁，但我知道你为了谁！”守土有责，守土尽责，李慧情的“战斗”仍在继续……

她，是母亲，是女儿，是爱人，是天使，是“战士”，是勇士！在疫情肆虐的时候，那些像李慧情一样“逆行”的“她战士”挺身而出，让更多人坚定了战胜疫情的信心。

◇ 本文发表于2020年3月10日《中国水利报》

◇ 作者：杨亚非、付军、黄所新、孟婧勔

李小强：守一方水土 保一方安全

“守一方水土，就要保一方安全，我们再苦再累也是值得的。”9 月 1 日 12 时，江西省结束防汛四级应急响应，进入正常防汛期。这让省水利厅水旱灾害防御处处长李小强悬了两个多月的心放了下来。

江西省江河湖泊众多，水旱灾害多发重发，直接威胁人民群众生命财产安全。李小强作为一名有着 20 多年工作经验的“老水利”，始终坚持“人民至上、生命至上”理念，认真履责、勇挑重担，在多次防汛抗旱大战大考中，交出了优异答卷，以实际行动诠释了一名共产党员的初心和使命。

“雨情急，汛情猛，灾情重!”2020 年 7—8 月，鄱阳湖流域发生超历史大洪水。“今年鄱阳湖的洪水来势凶猛，星子站从 7 月 5 日水位超警戒线到 12 日水位超历史，仅用时一周就上涨了 3.63 米。”李小强回忆起这场大洪水仍心有余悸。今年汛期以来，李小强一直坚守在江西省防汛抗旱各项工作（以下简称省防指），带领指挥协调组一班人忙于各项组织协调事务，一天的睡眠时间只有三四个小时基本上是一种常态。科学分析研判汛情，专业制订防汛方案，及时安排部署措施，全力迎战各种险情，共下发做好群众提前转移准备工作的通知 10 次，涉及 140 个县（市、区）次。

“我们最怕的是后半夜接到电话，往往接一个电话之后，再进行协调调度，天也就亮了。”撑着最红的眼、熬过最长的夜、拥着疲惫的身躯……那段时间，李小强几乎天天以办公室为家，没有睡过一个安稳觉。

防汛不仅前线险情重重，后方也弥漫着看不见的硝烟。去年，江西省汛期较往年提前 28 天，赣江、抚河、信江等江河干支流多站点洪水超警戒水位。在省防指的坚强有力领导下，李小强共组织大中型水库防洪调度 180 余次，有力地指导了大中型水库预泄腾库 29.5 亿立方米。特别是在调度万安水库为赣江吉安段错峰中，降低洪峰水位 0.3～0.5 米，吉安站 52 米以上洪水维持时间减少了 24 个小时，减轻了赣江中下游防洪压力和

李小强（右一）与同事交流工作

洪灾损失；同时，指导强降雨区的山洪地质灾害危险区、低洼地群众 82 万余人提前转移避险，有效避免了人员伤亡。

兴水利、除水害，是水利人的初心和使命。李小强不仅抓好主汛期防汛各项工作，在指导抗旱保供水、水库调度运行等方面也是勇挑重担、主动作为。

去年，江西省洪水之后发生涝旱急转，不少水库干涸、多处河流断流，98 个县（市、区）不同程度遭受旱灾。特别是赣江水位持续走低，南昌市各大水厂在赣江的取水口时刻面临取不到水、南昌市民时刻面临限时供水的紧张状况下，李小强日夜紧盯赣江水位变化，多次半夜起床协调上中游水库为南昌补水。通过实施上下游水库的联合调度，赣江南昌水位一直维持在 11 米以上，保障了南昌城区居民 5 个多月的用水安全。

今年 4 月，强降雨过程中，他通过实施多座水库的联合调度，将超过龙头山水电枢纽、井冈山航电枢纽施工围堰设计标准的洪水削减至安全范围内，增加了工程的有效施工期，为统筹推进疫情防控和重点工程复工复产提供了有力保障；降雨过后又积极协调、调度，充分利用洪水资源，为水电企业增发电量约 2400 万千瓦时。

◇ 本文发表于 2020 年 9 月 18 日《江西日报》

◇ 作者：邱辉强

李永刚、冉翠兰：疫情面前我请战！

抗击新冠肺炎疫情，是一场全民战役，没有谁是旁观者。他们是医护人员、警察、工人、社区工作者……他们都是普通人，都是家里的普通一员。而在这场突如其来的“战役”中，他们变得不再普通，兢兢业业在社会各个岗位坚守着。

水是生命之源！越是遇到重大事件，越是要保障人民生活和生产的用水安全。

李永刚密切关注数据变化

在这场艰难的疫情阻击战里，有这样一群人，他们用决心与行动保通水、战疫情，为人民守护用水安全！

南水北调中线河北段工程自 2014 年 12 月起全线通水，五年多来不间断为河北省沿线各地市输送清澈的长江水保障民生，惠泽地方。坚守岗位、安全供水是南水北调人神圣的使命。

李永刚，南水北调中线建管局河北分局输水调度值班长，他所在的分调度中心是河北省境内南水北调工程通水运行的调度指挥核心部门，是一分钟都离不开人的供水中枢。作为一名输水调度值班长，2020 的春节，他和往常一样需要在岗值班，本来计划值完班假期前两天就回家过年，但疫情突如其来，好几位同事因地方管控回不来了，偌大的值班缺口陡然出现。面对这种情况，李永刚主动请缨顶上！春节假期加上延长期总共十天，他这一顶，就结结实实顶了 8 天。

李永刚是一位有着 13 年调度运行值班经验的“老兵”，他已经记不清这是在值班岗位上过的第几个春节了，但像今年这样连续奋战八天的情况还是第一次。他说：“特殊时期，全国都在抗击疫情，我们作为一个最基本的资源保障单位，这个时候盯好供水就是对抗击疫情最大的支持。医生、护士们在一线，他们的战场在医院，而我的，就在这里。”

李永刚、冉翠兰夫妇

李永刚环视调度大厅，这里24小时灯火通明。由调度大厅再上一层楼，是河北分局网管中心，李永刚的妻子冉翠兰是这里的设备值班员，夫妻两人同样的工作性质，一个保通水、一个保设备。疫情来临之际两人无暇顾及小家，将两个孩子托付给家中老人，一起来到单位坚守值班岗位，一个在楼上，一个在楼下，在供水保民生的岗位上默默奉献。

在众多坚守岗位的普通工作者群像中，携手战斗在工作岗位上有家不回的夫妻中，李永刚夫妇也仅是一个缩影，还有无数各行各业的工作者们逆行而上，共抗疫情。在疫情阻击的战场上，坚持、坚守成了他们最基本的工作职责，此时此刻的他们平凡却闪耀着光芒。

◇ 本文发表于2020年2月13日河北新闻网

◇ 作者：韩霄、赵墨

林义钱、梁彩萍：绿色田野守望者

金秋时节，浙江省长潭灌区金清灌溉试验重点站，稻浪滚滚，一片金黄。

2019 年 9 月 28 日早上 7 时许，林义钱头戴草帽，脚穿长筒雨靴，拿着铜制水位测针，走入稻田中间。身后，梁彩萍拿着记录册，静等测量结果。

“编号一小区水位读数 256.9”“编号二小区水位读数 235.5”，林义钱报数，梁彩萍即时记录。约一小时后，测量完成。

“从水稻插秧开始，每天的这个时候，我们都要测量稻田的水位变化。”林义钱介绍，下雨时测排水量，落干时测土壤含水量，从中计算灌溉耗水量，从而总结出灌溉需水量，“这些数据都将成为水稻节水控灌技术推广的重要依据。”

1982 年 3 月，浙江省长潭灌区金清灌溉试验站在金清镇金星村成立。从当初的 2 亩试验田到如今的 40 余亩试验田，从省内普通试验站到重点试验站，37 年来，林义钱和梁彩萍因试验站相识相爱，相伴记录，守望着这片绿色田野，收获着丰收的喜悦。

始于热爱，一心扑在农田灌溉试验上

9 月 17 日早上 8 时，记者从椒江驱车赶往路桥区金清镇。一小时后，在一片田野中，一座黄白相间的二层小楼映入眼帘。

“这里是省耕地土壤地力定位监测点，前面是省级农产品产地环境监测区，左前方那一片是省灌溉试验重点站的水稻区。”闻讯从金清镇农办赶来的林义钱，前往小楼西边的试验田向记者介绍。

阳光下，白色的篱笆墙里，试验田内阡陌纵横，一块块功能标识牌触目可见。

“这个用来计算灌溉用水量。”林义钱指着沟畦上的水表说，放置在水表旁的水箱则用来盛放田间取的渗漏液，“这些设施主要用来农田灌溉节水和防污方面的研究，以提高自然降雨的利用率，减少农田水排放入江河，防止二次污染。”

1977 年，高中毕业的林义钱，来到金清气象哨，跟随父亲林志尧，从事农业与气象方面的研究。

“林老不得了，他可是受周恩来总理接见的农民气象专家!”说起林义钱的父亲，市水利局副局长王显勤语带崇敬，“1972 年，林老因为准确预报了美国总统尼克松来杭州时的天气而名声大噪，也从此被当地人称为用土法研究气象的‘半仙’。”

从小伴在父亲身边，林义钱也学会了用土法看天气。“植物中午不收露，定有雨或雾”“北斗星眨动，必有大台风”“秋后南风当时晴，秋后北风田水缺”……多年的耳濡目染，让提起这些气象谚语的林义钱如数家珍。

凭着扎实的气象知识，林义钱做起了农业灌溉试验：每天测算田间土壤含水量、田间排水量，计算田间用水量，指导农户实施田间高效水系管理。

1981 年，长潭灌区金清灌溉试验站开始筹建。“当时，省水利系统普查全省水资源，其中农业用水量是重要内容。”林义钱介绍，东南沿海温黄平原农作物种植面积大，又因为有气象哨这个良好的先天条件，省里决定在金清镇金星村设立一个试验站，测试水稻、蔬菜等农作物用水情况，以便掌握第一手资料。

1982 年，试验站正式运行，林义钱成为负责人。同年，梁彩萍来到试验站，参与气象和农作物灌溉试验项目研究课题。

林义钱主管测量计算，梁彩萍主管记录，就这样风雨携手，一晃 37 年。林义钱和梁彩萍，也因灌溉试验相识相知，相爱相伴，青丝转成华发。

坚守初心，创下全省最完整灌溉数据

“8 月 20 日，E601 测针读数 19.8、蒸发量 4.7，φ20 蒸发量 6.8，日照时数 6.7。”翻开金清试验站 2019 年 8 月份逐日气象记录表，上面详细记录了当天一系列相关测量值。

林义钱、梁彩萍夫妇正在给水稻测量水位、记录数据（潘春燕　摄）

林义钱告诉记者，这一天记录的是今年单季稻的相关数值。“从该季稻插秧开始的那一刻，相关记录就跟上了。”

那么，这样每月每日的清晰记录，林义钱夫妻俩坚持了多少年？有没有断过档呢？在记者的好奇下，林义钱夫妻俩打开了试验站里的一个办公铁柜。记者看到，一个个发黄的纸质档案塞满了整整一个柜子。每一本上，都详详细细地记录了当年每月每日的观测数值和计算结果。最底下的观测者和记录者画线上，林义钱、梁彩萍夫妻俩的签名赫然在目。

“20 世纪八九十年代，没有自动观测仪器，也没有电脑，只能人工观测、手工记录。”梁彩萍笑了一笑说。

8 时、14 时、20 时，是梁彩萍雷打不动观测记录的三个时间节点。“农业气象观测，每天要早、中、晚三次，不能有一次间断。”梁彩萍说。从到试验站的那天起，梁彩萍一到这三个点，就会准时赶到试验田里，采集各种试验数据，观测雨、风、日照、温度、湿度等各种气象因子。

每天的 7 点，林义钱带上水位测针、环刀和铝盒子等测量工具，和完成气象观测的梁彩萍会合，一一测量田间水位、土壤含水量，分析、计算、记录耗水量。

无论是天气晴好还是风雨，炎热还是寒冷，林义钱和梁彩萍都坚守在那方农田中。夏夜里，田间蚊子肆虐，打着手电，梁彩萍的腿上手上时常被咬出一个个疙瘩。冬天里，夫妻俩顶着寒风，摸黑观气象、测水位，回家时常常手脚冰冷。

1997 年台风袭击台州，狂风夹着雨点呼啸而至，人在户外站稳都难。但林义钱和梁彩萍还是出现在了田头，顶风冒雨完成了当天的测量。等忙完回到屋里时，浑身上下已被雨水打得湿透。那一年，林义钱光荣地加入了中国共产党。

1995 年年底，全省水资源调查宣告结束，试验站一下子没了经费支撑。“当时，全省的试验站都停掉了。”林义钱告诉记者。然而，从小热爱农业气象和灌溉研究的林义钱，实在舍不得放弃。思考再三，林义钱决定自掏腰包，在自家两亩承包田里继续搞灌溉试验。

林义钱、梁彩萍夫妇查询资料

寒来暑往，这一座试验站，以公益的形式，从 1996 年坚持到 2000 年。

“从来没有见过这么完善的农业用水量记录资料。”说起二十多年前看到记录本的情景，王显勤至今记忆犹新，“这些‘活化石’数据，对当时长潭水库向‘黄、椒、温’三县（市、区）供水一级工程的立项实在是太重要了。”

功夫不负有心人。“金清试验站的数据记录最为完整，数据翔实可靠，为浙江省农业用水定额编制提供了基础数据，为浙江省灌溉试验研究打下了坚实基础。”省水科院肖梦华博士称赞不已。

执着追梦，浇灌绿色农业新希望

这两天，金清镇繁荣村种粮大户刘光美心情还不错，再过十来天，七八百亩晚稻就可以收割了。

受台风“利奇马”影响，今年 8 月，刘光美种植在坦头沈村、繁荣村、上沈村的晚稻受淹严重。在林义钱的指导下，刘光美及时做好田间排水，给淹没严重的稻田清洗补苗，并做好追肥和防病措施，及时减少了损失。

“种稻离不开林站长的帮助。”说起林义钱，刘光美感激地说，种什么稻种、什么时候排水“露田”、怎么节水灌溉、施几次肥，都是林站长手把手教起来的。从十多年前的五六十亩田，扩大到现在近千亩，老刘享受到了增收的喜悦。

2001 年 3 月，金清灌溉定额试验站成立，成为以节水灌溉试验提高农业效益的省级站点。2003 年，试验站升级为全省重点站，成为浙江省灌溉试验站网的重要组成部分。

“这个站的主要任务是通过野外观测与分析，研究作物的需水规律，探求经济合理的灌溉制度，推广高效节水灌溉技术。”林义钱乐滋滋地说，“全省重点试验站只有三个，我们就占了一席。”

试验研究之路晦涩艰深而又枯燥乏味。成为试验站负责人的梁彩萍和在镇农办工作的林义钱一起，慢慢摸索，一步步踏出了坚实脚印。

夫妻俩和路桥区农业技术推广总站合作，利用试验站提供的水稻高效灌溉用水技术模式，结合普通灌溉对比试验，揭示出水稻生态需水和生理需水不同阶段对水分的需求，促使水稻健壮、抗病、抗倒伏，从而在水稻节水增产上创出了良好的经济和社会效益。据统计，应用单季稻节水“薄露灌溉”技术后，一年下来，每亩水稻平均增产 10 公斤到 15 公斤，节水 60 立方米左右。

2018 年，夫妻俩在省水利厅、市水利局和路桥区农业技术推广总站的组织下，指导当地种植大户和粮食专业合作社，对单季稻采取“限量用水，全程浅湿，干湿循环调控灌水”与“一次基肥、二次追肥”等措施。一年下来，在坦头沈村核心试验区块的 200 亩水稻实现亩均增产 30 公斤，灌溉用水量减少 23%，水分生产率提高 25.7%，有效降低 COD、总氮、总磷等面源污染的排放，为发展优质、高效、高产、安全、生态农业，实现现代农业可持续发展作出示范样板。

如今，试验站的试验田已从当初的 2 亩扩大到 40 亩，建有标准水稻试验小区 32 个、测坑 16 个、气象观测场 1 个，并增设了经济作物试验区、“三新”技术新品种试种区、测土配方施肥技术试验区、浙江省土壤地力定位监测点和浙江省农产品产地环境监测点等场所、设施。

“还有三年，我就退休了。”林义钱说，但他对试验站的热忱没有冷却，“只要眼睛看得见，手指记得动，就要一直观测记录下去。”

◇ 本文发表于 2019 年 10 月 23 日中国水利网

◇ 作者：潘春燕、贾怡、梁敏慧

刘敦礼：不惧生死 同心抗“疫”

“这是一种使命感，一种责任感，是医生没有哪个往后退缩的！如果我不参加这一次斗争，那我这个医生这几十年的生涯就会留下遗憾。”长江医院老专家刘敦礼在新闻联播中如是说。

2020 年 2 月 6 日《新闻联播》中，报道了长江医院 73 岁的退休医生刘敦礼仍然坚守岗位，同所有医护人员一起奋战在抗击疫情第一线，并以此言传身教给女儿和外孙女的故事。

刘敦礼，是在 2005 年到长江委长江医院工作的，至今已有 15 个年头。多年的从医经历使得他非常全能，在内科、外科、妇科、儿科等疾病的诊治上有丰富的临床经验，尤其对内科老年心血管疾病的诊疗尤为擅长。他曾荣获过“武汉市五一劳动奖章”。

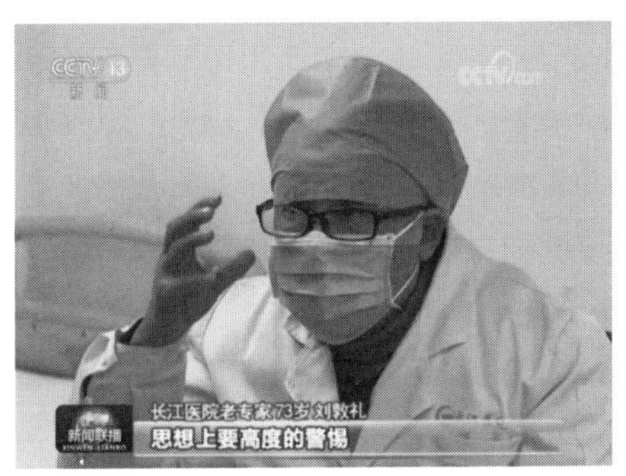

《新闻联播》报道刘敦礼的画面

春节前，长江医院科教科主任徐敏安排门诊排班时，当时武汉抗击肺炎的形势已经非常严峻，考虑到医院人手不足、时段特殊、出行不便等问题，特意征询刘敦礼是否可以接受排班的意见，刘敦礼主动请缨：“我不旅游也不出行，把我排上吧！什么时段都可以。”

他被安排在大年初一、初二这两天值班接诊。在春节值班期间，刘敦礼坚持准时到岗，每天连续工作 7 个小时，两天共诊治了 80 余名患者，连吃饭也只是匆匆解决。

刘敦礼的女儿刘凡是武汉儿童医院的医生，她十分担心老父亲在疫情肆虐期间的身体状况和武汉“封城”期间上下班的出行。刘敦礼却说：“我能为社会做点事，我不累，很高兴。”出行不便，他没有放在心上，还安慰家人："没事，我步行去上班，慢慢走一个多小时就到了，我的身体状况我心中有数，放心放心！"

是医生，更是党员。刘敦礼是一名有着47年党龄的老党员，2003年奋战"非典"疫情时没能冲在抗疫一线，这是他一直引以为憾的事，"我还能从医的时间不多了，这次'战疫'一定不能缺席，一定服从医院安排！"他与奋战在抗疫一线的女儿互相勉励，"既然披上了这件白大褂，既然已经冲上了一线，就不要有后顾之忧了，全心全意、集中精神为患者治疗。"

与刘敦礼同办公室工作3年的长江医院医生周红霞为他"点赞"，称他"医术精湛、医德高尚"。在她眼里，这位老人心肠好、没架子、谦和懂礼，工作兢兢业业，考虑问题总是工作优先、患者优先，有一大批患者"粉丝"。

刘敦礼的一言一行，时刻都诠释贯彻着"医者仁心"。像刘敦礼这样的老专家、老医生，主动承担抗击新冠肺炎疫情，在长江医院还有很多。今年55岁的张济祥副院长，在疫情暴发后，天天坚守在一线最危险的地方。每一例疑似病人，他都亲自查看，不知疲倦地频繁出入发热门诊、隔离病区，并与专家组成员一起制订治疗方案，让患者能够安心，和年轻人一起冲锋陷阵。

医生、党员、专班医护人员，这是临床党支部书记、外科主任周志敏的"三重身份"，他平时在门诊外科坐诊时和刘敦礼医生是"邻居"，深受刘敦礼老师的影响。这次春节，周志敏主动放弃回农村老家陪父亲过春节，连续数日坚守在医院，隔离室和外科诊室两边倒，他说："无论哪个身份，在这非常时期、危急时刻，都没理由退半步，必须坚决顶上去！"

刘敦礼的一言一行影响了周围的同事，为年轻的党员干部作出了表率。"我看到医院所有医护人员奋斗在抗疫一线，不惧生死。作为老一辈医者，一名老党员，更应该带头配合医院搞好疫情防控工作。"刘敦礼如是说。

刘敦礼表示，在这个光荣的大集体与长江医院众多同事并肩作战，这是挑战、是责任、更是使命。在这场没有硝烟的战争中，长江医院广大医护人员用生命与病毒抗争，用双手托起患者生的希望，把初心写在行动上，把使命印在岗位上，用实际行动践行了"健康所系，性命相托"的铮铮誓言！

◇ 本文发表于2020年2月8日长江水利网

◇ 作者：杨亚非、蔡倩、孟婧勔

刘剑琼：脉脉护水情

2014 年 12 月 12 日，南水北调中线一期正式通水，一渠清水从丹江口水库北上进京。南水进了北京城，流进了调节池、调进了自来水厂、存进了密云水库、循环再生排入河湖……一切看似简单，但在南水流经的所有环节背后，有数万名南水北调人在默默守护，他们的目的只有一个：珍惜每一滴南水，用好每一滴南水。

团城湖调节池，绕一圈 3.8 公里。

每天早上 7 点多到单位，刘剑琼做的第一件事就是绕着池子转一圈，看看安全保卫情况，人员是否都到位；看看沿途的三个分水口，设备设施是否正常；再询问一遍在岗的值守人员。一个多小时转完一圈，刘剑琼才放心地回到办公室。

2015 年，南水北调团城湖调节池正式建成。作为南水北调的配套工程之一，这个储存着 150 多万立方米净水的池子，成为一级水源保护地，具有调峰（控制来水量）、分水（分给水厂和用户）、最后一道防线（南水进京水质防线的最后一道）三大功能。

刘剑琼就是调节池的守水人。

其实，从 2005 年南水北调工程一开始，刘剑琼就参与到工程建设中。用他的话说，头 10 年他是在“攻山头”，啃下了南水北调工程建设这块“硬骨头”后，从 2015 年开始转为运行管理，开始“守阵地”，保证这块水源地每天为北京市民

刘剑琼（左）查看设备运行情况

送上干净安全的饮用水。

“攻山头”惊险刺激，几乎每天都有新挑战；“守阵地”日复一日，貌似枯燥平淡，却难在要和“攻山头”一样，一年365天、一天24小时紧绷神经。

水质检测、工程维护、修整环境……每天，刘剑琼的团队都在重复这些工作。但每个人都是多面手，每个岗位都有AB主副手，为的就是以防万一。

2017年汛期的一个周六，北京迎来入汛最强降雨，暴雨橙色预警拉响。下午时分，大雨还没来，淅淅沥沥地掉着小雨点。雨声，就是命令。根本不需要通知，刘剑琼和同事们不约而同地从家中赶到单位。

刘剑琼跑到调节池边。雨越下越大，噼里啪啦地砸向水面，调节池旁的金河倒虹吸工程水位涨势迅猛，从48.77米很快上升至50.25米。眼看着滚滚急流就要倒灌入调节池！

作为防汛副指挥，刘剑琼立即召集38名应急抢险队员，冒着大雨吊放备用检修闸门，搭建临时围堰，把沙袋一层层摞高，封堵急流，防止倒灌。现场4台应急排水泵开启，和应急排水车一起联合抽排。现场每个人都是全身湿透、雨鞋积水，可大家全然不顾。

雨慢慢小了，刘剑琼悬着的心并没有就此放下，他马上组织管理处相关人员按照应急预案各守其责，运行人员不间断巡查，排查安全隐患。

经过近30个小时的不间断抽水作业后，金河的水位终于恢复了正常。那一夜，刘剑琼和同事们连办公室都不敢回，就在应急车上守着，实在太累了就打个盹儿，只要听见窗外雨声又密了，就赶紧下车看看。

5年间，每遇这样的突发情况，刘剑琼和同事们从未“掉链子”，实现了调节池5年零事故。

“我是南水北调的建设者之一，比谁都明白这水多么来之不易。这阵地，我们一定会守好。”刘剑琼说。

◇ 本文发表于2019年12月16日《北京日报》
◇ 作者：叶晓彦

刘卫其："箱涵医生"践誓言

2020 年 6 月 19 日，一个让他铭记在心的日子。

1996 年的这一天，在鲜红的党旗下，他庄重地举起右手，满怀激动、一字一句地说出了那刻骨铭心的誓词，从此，有了共产党员的光荣称号。

悄然流逝的时光告诉他，做一名合格的共产党员需要用一生去磨砺。他叫刘卫其，现任南水北调中线建管局天津分局工程处处长。磨砺初心、以证誓言，南水北调中线这一"大国重器"让他深深懂得自己肩负着平凡而又伟大的使命。

江水激荡　匠心独运

天津干线工程采用地下输水箱涵方式向天津市供水，长达 155 公里的箱涵深埋地下，犹如一条"长龙"横贯津冀大地，表面看似"悄无声息"，内里却"激流奔涌"，每年超过 10 亿立方米的清澈长江水流进天津市的千家万户，成为人们生活用水的主力水源。

"长龙"埋在地下，"看不见、摸不着"，如何确保地下箱涵的安全平稳运行？这既是天津干线工程面临的最大挑战，也是刘卫其一直在思索探寻的重中之重。

问渠哪得清如许，缚卷"长龙"江水来。确保安全的诀窍之一就是实施箱涵"全面体检"。

"全面体检"的外部检查项目之一是箱涵地下水分布探查。接到任务后，刘卫其反复思考、推敲论证，抓住探查的关键环节，就是确定箱涵变形缝两侧的探查孔位。为了解决这个难题，他编制出了《南水北调天津干线箱涵地下水分布探查实施方案》。

施工过程中，他紧盯现场，三管齐下：一方面使用高精度 GPS 设备测量放孔位；另一方面协调各现地管理处采用局部开挖的方法进行多次孔位核查；最后一招，组织两家施工单位按 5%的数量进行互检，任务就是抽检对方的放孔坐标误差。经过检验，探查孔位均与变形缝位置一一对应，孔位坐标施放准确。

项目的顺利完成，不仅使技术人员掌握了地下水分布情况的第一手资料，而且为后期开展箱涵工程评价提供了有力数据支撑。

箱涵排空检修相当于“体检”的内部检查。受北方气候环境影响，每年 11 月至次年 4 月的冰期输水，是地下箱涵必须面对的一个严苛考验。而通水至今，天津干线常年处于运行工况，工程设施得不到有效停水维修养护时间，要提高冰期输水的安全系数，对箱涵进行内部检查势在必行。

2019 年年初，分局首次开始了对天津干线容雄段箱涵的排空检修工作。容雄段工程横穿雄安新区，关系到天津市用水和雄安新区整体发展，保证该段工程安全检修尤为关键，刘卫其再次冲到了第一线。

正值数九寒冬，检修现场条件艰苦，在分局领导的带领下，刘卫其等人各司其职、不辞辛苦、顶风冒雪，一忙就是 40 多天。终于换来了检查工作的累累硕果，既查出了隐患缺陷的“症因”，也为箱涵不断水外部渗水修复处理和逐段排空检查积累了宝贵实战经验。

守正创新　初心不改

“工程安全是确保供水水量的基础，核心是及时发现和解决安全隐患。我们开展工作一定要抓住这个核心。”这是他经常挂在嘴边的一句话。

他深入干线源头的西黑山管理处一线，组织在工程明渠段加盖保温板、安装爆气装置，看似简单的处理方式，却有效地防止了渠面结冰造成的闸门堵塞，为冬季安全输水装上“双保险”。

在天津分局开展的箱涵渗水处理技术研究项目中，他紧密结合渗漏处理的实践经验，从项目立项到确定研究目标，从编制工作大纲到拟定技术路线，召开审查会，不断完善修改研究方案……每一个步骤、每一个环节，他都严谨细致。经过不懈努力，项目取得重大进展：研制出了适用于地下有压箱涵渗水外部封堵修复的专用堵漏材料，研发了自动化控制的专用钻孔及灌浆设备，提出了不断水条件下有压混凝土箱涵渗漏修复工法，形成了不断水条件下箱涵渗漏外部修复成套技术。目前，该技术正在积极申报省部级科技奖项。

工作立身　党性立心

调到南水北调工作是2009年，那时的刘卫其既有面临新挑战的压力，又有展现新作为的动力。

压力在于投身南水北调之前，他一直在设计院从事桥梁设计，从未参与过地下箱涵相关工作，而动力则来源于共产党员的初心和使命。他以钉钉子的优良作风，一头扎进了箱涵施工现场，战严寒、斗酷暑，看着这条“地下长龙”从无到有，他的内心始终被身边同事团结一心、披荆斩棘的精神充盈着、激励着、鼓舞着。

2015年，刘卫其当选机关党支部书记。他迅速进入角色，发挥模范带头作用，找准党建与业务的融合点，紧盯工程安全监测、工程巡查、工程维护等关键环节的薄弱点和异常情况，分类指导、稳妥处置，在分局党委提出的“党建引领业务、业务丰富党建”融合之路上大踏步前进。他用热血和汗水印证了入党时的铮铮誓言，也代表支部、处室捧回了“先进基层党组织”“文明部门”等荣誉奖牌。

2019年，在分局党委的领导下，刘卫其组织机关支部扎实开展“不忘初心、牢记使命”主题教育，努力提升党支部标准化规范化水平，引导督促身边的党员干部把入党誓言写在了天津干线运行管理的第一线。在他的带领下，工程处全体干部职工组织制定防洪度汛方案、综合应急预案，积极开展工程技能培训和应急演练，顺利通过天津干线6个设计单元的完工验收以及天津分局办公楼等工程档案验收。至此，天津干线成为南水北调中线工程唯一一个全部通过建设期验收的独立工程段落，为中线后续的工程验收树立了标杆和典范，他也被南水北调中线建管局授予“杰出人物”荣誉称号。

时光荏苒，2020年已经是刘卫其与南水北调中线工程结缘的第11个年头了。当疫情防控阻击战的冲锋号吹响时，他立即响应党组织的号召，放弃假期、坚守岗位，严格落实防控要求，以奋斗为笔，以初心为墨，在疫情防控和复工复产的“大考”中书写新的答卷。

11年的砥砺奋进，他和天津分局全体员工精心呵护着天津干线工程从无到有的成长期、从常规流量到加大流量的运行期，一起见证了江水进津50亿立方米这一历史节点，见证了天津干线2000余天不间断平稳输水的高光时刻。成绩来之不易，未来壮美可期。守护箱涵一渠清水润津沽，他永不言弃。

◇ 本文发表于2020年6月20日《中国水利报》

◇ 作者：李永鑫、员飞

罗小云：坚守为民初心　勇担防汛之责

“征程万里，初心如磐”，为人民谋幸福是中国共产党人的初心。有一位在水利部门不懈奋斗了 34 年的党员干部、一位忠于职守为民履责的全国人大代表，他叫罗小云，是江西省防汛抗旱指挥部副指挥长、省水利厅党委书记、厅长。作为一名有着 24 年党龄的老党员、一位有着丰富的管水治水经验的水利专家，罗小云身上所体现的共产党员的党性修养、人大代表为民履职的坚守、敬业奉献的专业精神和不辞劳苦的顽强作风，潜移默化地影响着他身边的同事们。特别是 2020 年 7 月以来江西省防汛抗洪抢险救灾这场严峻考验中，这种影响力示范带动了江西水利人团结一心、奋勇拼搏，坚决打赢防大汛抗大洪抢大险救大灾这场“硬仗”。

罗小云（左三）为防汛水利专家出征送行

坚强党性在义无反顾的抗洪决心中锤炼

始终铭记汛情就是命令、防汛就是责任。共产党员是人民的公仆，只有牢记初心使命、勇于担当负责，在坚决维护群众切身利益上认真“答题”，才能真正换取人民的满意“打分”。进入主汛期以来，特别是 7 月上中旬的持续强降雨导致江西省多条河流超警，发生鄱阳湖流域超历史大洪水，防汛形势特别严峻，抗洪任务十分艰巨。罗小云作为省防指副指挥长、省水利厅主要负责人，召开防汛紧急动员会，广大党员、干部闻“汛”而动、依令而行，第一时间到岗到位，立即进入战时状态。“我宣誓：面对滔天洪水，水利人坚决服从省委省政府、省防指统一指挥，全力投入抗洪抢险斗争，绝不退缩，战之必胜！”7月10日江西省水利厅启动防汛应急Ⅰ级响应后，在省水利厅防汛紧急动员会上，罗小云带领全体党员干部职工右手举拳发出铮铮誓言。已经同洪水较量过多次、打了多年防汛硬仗的他，面对这次战斗也是全力以赴、毫不懈怠，牢牢地把防洪保安这一重要职责任务扛在肩上、抓在手上。

落实中央和省委省政府决策部署不打折扣不讲条件。在进入防汛的关键时期，习近平总书记对进一步做好防汛救灾工作作出重要指示，要求压实责任、勇于担当、深入一线、靠前指挥，尽最大努力保障人民群众生命财产安全。江西省省委书记刘奇、江西省省长易炼红多次就做好江西省防汛抗洪抢险救灾工作作出批示，并亲自指挥调度，深入一线调研检查。在省委、省政府的坚强领导和水利部、应急管理部的精心指导下，罗小云紧紧依托省防指应急响应平台，有力协调指挥应急工作力量，有序推进防汛抗洪抢险救灾各项工作，坚决把中央指示精神和省委决策部署落到实处。本轮机构改革防汛抗旱职能进行了划转，罗小云作为水利厅主要负责人，注重加强与省应急管理部门的沟通协调，主动担当负责，把水利厅应急工作组全部整合至省防指应急工作组内，并动员全厅力量，以防汛抗洪为第一要务，毫不松劲懈怠，体现了强烈的大局意识、担当精神。

身先士卒，示范带动党员发挥先锋作用。群雁高飞头雁领。领导干部带头是我们党的政治优势，也是干事创业的制胜之道。越是紧急危难时刻，党员领导干部越要在一线冲锋陷阵、攻坚克难，以实际行动充分发挥先锋模范作用。整个防汛抗洪期间，罗小云始终以严标准、实作风要求自己，时刻奋战在防汛救灾第一线，坚守在战斗最前沿，把人民群众利益放在首位。在他的带动下，厅直机关各级党组织和广大党员、干部主动“请战”。短短数日内，水利厅已派出53个组146名党员同志奋战在防汛抗洪抢险救灾第一线，另有75名同志主动报名参加了抢险救援突击队。党有号召，团有行动。各级团组织和广大团员青年纷纷请战，全省共

罗小云（右一）与省防指水利专家商讨排涝方案

组建青年突击队 1755 支，25050 名青年加入防汛抗洪队伍。哪里有险情就冲到哪里，哪里有群众需要就出现在哪里，一个个战斗堡垒坚强矗立、一名名共产党员挺身而出，用实际行动守初心、担使命，把鲜红的党旗插在了汛情最重、困难最大、群众最期盼的地方。

群众利益在心无旁骛的落实行动中保障

生命至上，严防死守力保堤坝安全。防汛救灾既是一场没有硝烟的战争，也是检验党员干部初心使命的无声考场。人民至上、生命至上，关键时刻要挺膺负责，切实为人民群众生命财产安全保驾护航。“据不完全统计，截至 7 月 15 日，长江干流、鄱阳湖区及其他圩堤超警堤防长度 2491 公里，全省当日新增险情 208 处，累计险情 1129 处……”在易炼红省长主持召开的防汛工作调度会上，罗小云作如上汇报，表情非常严肃。盯紧、盯牢重大险情，快速、高效协调处置突发事件，他把问桂道圩、中洲圩、三角联圩等溃决口及受灾区作为主阵地，靠前指挥、一线督战，思想绷紧弦、行动拉满弓，为保障人民群众切身利益拼尽全力。从水文监测预报得知湖口站可能超过 22.50 米的保证水位时，一次艰难的抉择摆在罗小云面前：如果不运用单退圩堤分蓄洪水以降低鄱阳湖的高水位，将面临湖区重要圩堤溃决的风险，直接威胁人民群众生命安全；如果开闸清堰进洪，将给当地农作物种植业、养殖业等带来重大损失。要不要运用单退圩堤进洪？能不能有效解决问题？需不需要运用鄱阳湖国家级蓄滞洪区分洪？一个个棘手问题等待解决和定夺。把人民生命安全放在首位——罗小云毅然作出选择，请示省防指指挥长同意，全面启用 185 座单退圩堤分洪蓄水。截至 7 月 12 日晚，实际降低鄱阳湖水位 20 厘米至 25 厘米；同时，联合调度全省水库群共拦蓄洪 18 亿立方米，相当于 126 个西湖的水量，降低鄱阳湖区水位约 18 厘米，有效减轻了鄱阳湖及长江九江段的防洪压力；并且立足于最不利的情况，做好了蓄滞洪区分洪运用的所有准备工作。针对九江江心洲等重点防洪区，罗小云高度关注，调度当地防指有针对性地预置布防武警部队等抢险救援力量，切实保障人民群众生命财产安全。

巡堤查险、值班值守，必须严而又严。“必须有力贯彻易炼红省长提出的‘把牢巡堤查险’这个关键的关键、要害的要害、重点的重点，着力强化圩堤防守，及时组织危险区群众转移避险，全力做好超历史大洪水防御工作。”鄱阳湖区星子站等超历史最高水位已逐步开始回落，但圩堤风

险依然存在，丝毫不能放松警惕。罗小云对各相关市、县防指提出了严格要求，强调要坚决克服麻痹思想、消除侥幸心理、杜绝厌战情绪，“退峰不退人、水减力不减”，进一步提振士气，进一步落实措施，以顽强的意志艰苦作战，直至取得完全胜利。巡堤查险是防汛抗洪最重要、最关键的一项工作，罗小云逢会必提巡堤查险工作，并根据实践经验总结提炼出“46553”巡堤查险要诀，被广泛宣传和运用。由于白天事务太繁忙，他就利用晚上时间，穿上雨鞋、带上电筒，深入高风险圩堤进行暗访检查，及时反馈问题并督促抓实整改。

关心关注受灾群众，用心用情去做。“但愿苍生俱饱暖，不辞辛苦出山林。”群众的冷暖安危始终是罗小云心头的挂牵，不管是作为人大代表连通民心、为民办实事，还是作为党员领导干部克己奉公、为民造福，一直如此。“截至 7 月 15 日 16 时统计，全省已有 643.4 万人受灾，紧急转移安置 65.4 万人，需紧急生活救助 25.9 万人，农作物受灾面积 584.7 千公顷，绝收 123.8 千公顷，倒塌房屋 661 户 1494 间……”一连串的数字着实让人揪心。民有所呼，我有所应。罗小云多次深入受灾地区，走村入户看望慰问受灾群众，及时带去党委和政府的关心关怀。随着昌江、修河和鄱阳湖水位开始回落，排涝和灾后重建工作被提上重要议事日程。罗小云与省水利设计院的专家们作了多次深入研究讨论，尔后及时向省委省政府提出了统筹排涝和灾后救助、恢复重建的工作意见建议。省委书记刘奇、省长易炼红分别主持召开省委常委会、专题会，听取有关汇报，充分肯定了罗小云代表省水利厅提出的有关灾后水利建设的意见和建议。

奉献精神于夙夜在公的顽强拼搏中彰显

工作几乎成为他的全部。在防汛抗洪任务非常繁重、压力非常巨大的这段时间里，向省、部领导汇报汛情灾情，参加防汛会商、通报会，到一线检查指导……罗小云几乎每天都要协调处理几十条防汛抢险救灾的信息，接听呼叫上百个电话，往返奔波数百公里的行程，不分昼夜、没有双休，整个人连轴转、拼命干，一心扑在防汛工作上。7 月 12 日傍晚，修河三角联圩溃决后，罗小云随同易炼红省长迅速赶赴现场，指挥抢险救援，并与坐镇省防指的刘奇书记保持联系，及时报告群众转移情况。13 日凌晨从溃口现场返回指挥部，一直忙到凌晨 4 点半才躺下，6 点又起身投入工作，只睡了两个小时。值班室的一位同志发现，他利用应急工作组早会结束后的一丁点空闲冲泡的一杯咖啡，还没喝上两口，接了一个手机来电之后就匆匆走开了，似乎忘记了前天、昨天的疲惫，毅然投入了今天、明天的紧张战斗中。

罗小云（左一）查看排水情况

干水利就是不怕苦不怕累。水利是人民的水利，水利工作是颇接地气的工作，水利人是一支特别能吃苦、特别能战斗的队伍。作为全省水利队伍的“班长”，无论是在防汛抗旱、脱贫攻坚，还是在工程建管、河湖治理等各个领域工作中，罗小云都努力做到躬身入局、亲历亲为。他就信奉一条：喊破嗓子不如甩开膀子。防汛抗洪的圩堤上有他趟过的一串串脚印，工程建设的现场留下他忙碌的身影；河道采砂治理从不畏难，重拳出击整治盗采砂石不法行为；农村饮水安全抓细抓实，积极协调解决问题，办好了一件件实事、好事，为保障农村贫困人口喝上安全水、放心水倾注了大量心血。

防洪保安再苦再累也值得。水利之利，利国利民。兴水利、除水害，为的是国家利益和人民福祉。在罗小云看来，只要是有利于党和国家的利益、有利于广大人民群众的幸福安宁，即使工作再苦、再累、再难熬也是值得的，用他自己的话说，“这样的工作体现了真正的价值，确实给自己带来了无比的充实和快乐”。长江赣江波涛汹涌，鄱阳湖水浩浩荡荡。同洪魔战斗了这么多天，罗小云的脸颊明显消瘦了，肤色也晒得黝黑了，但你看他依然是精神矍铄、干劲未减，始终保持着一种战斗状态。

“龙马精神驰大道，鲲鹏志向搏高天。”共产党员的使命是光荣的，人大代表的职责是神圣的。兼具共产党员、人大代表双重身份的罗小云，自觉做到以初心为恒心、视使命如生命、融“小我”入“大我”，对照习近平总书记提出的“平常时候看得出来、关键时刻站得出来、危急关头豁得出去”的党员干部要求，真抓实干、攻坚克难、锐意进取，以“风雨浸衣骨更硬”的顽强意志和“快马加鞭未下鞍”的奋进勇气，在自己的工作岗位上坚守着、奉献着。

◇ 本文发表于2020年第7期《时代主人》

◇ 作者：张立锐

吕文春：善用镜头为水高歌

在贵州省盘州市，有这么一位热爱摄影，却不是摄影师的水利宣传工作者，就是这样一个普通的基层水利工作者，他却用手中的相机记录了盘州市水利蓬勃发展的历程。

他叫吕文春，任职于六盘水市盘州市水务局，长期坚守在水利第一线，2019 年被评选为贵州省首届“最美水利人”。

点开吕文春电脑里的图片集，在清碧的水库边沿、荒山野岭，抑或是轰轰烈烈的水利工程建设现场，都留下他求索的足迹。

自参加工作以来，吕文春扎根基层，任劳任怨。在上学期间的一个爱好，让他与镜头结下了不解之缘。长期以来，他习惯将相机随身携带，用镜头记录着日常工作的点点滴滴和盘州市水利事业的发展历程。

为了拍摄一幅完美的水利风光图片，他与影友们起早贪黑，翻山越岭，只为捕捉那“一抹阳光”和精彩瞬间。翻开中国水利报、贵州日报等主流媒体刊登的照片，多会出现盘州市吕文春的落款。

也正是这样一份执着，让水利风光和许多水利项目建设现场新闻图片等展现在人们的眼前，让社会各界广泛关注水利事业。

吕文春采集水生态保护画面

在吕文春办公桌上，整齐地排列了一本本画册，其中一本“消防百年”的作品集格外引人注目。当问及其中的故事时，吕文春沉默了……思绪仿佛又回到了2008 年的那场战役中。

一幅幅的画面似乎在倾诉着当年的那个往事。“2008 年新春佳节，南方遭受持续低温雪凝灾害，盘县也不例外，我放弃与家人和亲友团聚的日子，主动请缨，冒着风雪和冰冻，拿起手中的相机，第一时间赶赴一线与广大水利干部参与抗凝救灾和供水保民攻坚战，采集了大量的抗凝救灾的生动画面。”

也正是这样珍贵的画面，记录了盘州市广大水利干部积极参与抗凝救灾和供水保民攻坚战的感动瞬间。《寒塘救援》等纪实摄影作品入围中国解放军 2008 年全国抗凝救灾大型摄影回顾展览，入编全国“消防百年”摄影作品集，《会战旱魔》等作品入选全国主题摄影大赛。

同样难忘的还有 2010 年盘州市遭遇特大干旱，吕文春深入旱情、灾情最严重的普古、民主、滑石等乡镇抗旱救灾第一线进行采访，拍摄了大量反映灾情的新闻稿件，第一时间发表在中国新闻图片网、中国水利报等媒体，引起水利部、各级党委、政府及部门的广泛关注。盘州市一批批“乡乡有水源”等应急水源工程也趁势得以审批和建设。

说到最愧疚的事，吕文春说是给予女儿的陪伴太少。因为长期驻工地，偶尔回家一次，有几次上幼儿园的女儿竟然把他当成了“陌生人”。

2020 年春节，总算闲下来的吕文春享受着与家人齐聚的快乐时光，一场突然暴发的新型冠状病毒感染的肺炎疫情迅速蔓延到全国各地，来势汹汹。

为了阻击“新冠”病毒蔓延，作为一名党员，吕文春再次主动放弃了春节休假的时光，收拾简易的行装，驱车碾着厚厚的积雪前往单位火速投入战“疫”一线，参与打响盘州市“疫情”阻击战。

供水安全，则人心稳定！城乡供水是“疫情”防控工作的重要生活保障之一。在疫情防控期间，吕文春赴松官水库、白河沟水库、哮天龙水库、卡河水库等城区供水水源工程，哮龙龙、魁阁山、平头山、柳树湾等集中式供水水厂等采访城区供水保障；深入红果街道、翰林街道、刘官街道、坪地乡、羊场乡等地采访农村饮水安全；前往乌都河水电站等地采访“疫情”防范与水力发电；深入朱昌河水库、出水洞水库等工程现场采访，撰写的抗“疫”稿件和图片新闻被中国水利报社、《人民长江报》、天眼新闻、《六盘水日报》等新闻媒体采用，大力宣传了盘州市“新冠”疫情阻击战中水利行业的责任与担当。

在家人和身边同事们眼中，吕文春始终以一个共产党员的标准严格要求自己，以身作则、爱岗敬业、感恩奋进、勤于耕耘，是一名甘为水利事业发展的记录者。他犹如大海里一朵小小的浪花，正是这些浪花朵朵，奏响一曲曲水利人生命赞歌。

◇ 本文发表于 2020 年 4 月 27 日新华网

◇ 作者：吕文春、胡荣华、蔡瑶佳

毛德发：疫情面前，有职责，有担当

2020 年是不平凡的一年，面对新型冠状病毒的侵袭，疫情就是命令，防控就是责任。按照北京市水务局关于加强农村供水保障工作的统一部署，郊区水务中心供水科科长毛德发第一时间响应并认真落实相关工作。

春节，本该是全家团圆过佳节的时刻，但毛德发依旧坚守岗位，不间断地拨打着各区电话，询问着供水保障情况，消毒设施能不能用，消毒药剂够不够，春节期间有没有异常情况，等等。

毛德发在检查设备

就在忙碌地与各区联系的同时，手机屏幕跳出了一条提示：请出行的乘客，带好身份证件，提前到达火车站进行安检……面对疫情，毛德发思索许久按下了电话："妈，家里情况怎么样了？现在疫情形势严峻，我们要赶紧组织去水厂核查情况，等这场疫情过后，我一定马上回去看您……您在老家一定注意安全，做好防护……"挂了电话，毛德发的眼睛红了，家在湖北的他，在这个时刻不能守护在父母身边，但保障了农村供水安全，就守护了更多的父母。

连日来，随着气温急剧下降，北京迎来 2020 年的一场春雪。顶着漫天飞舞的大雪，毛德发丝毫不畏疫情，奔波在各区供水厂（站）的走访路上，朝阳、丰台、海淀、大兴、顺义……全神贯注的他一次次核对着各区的农村供水厂和村庄供水站。漫天的雪花、打滑的道路，丝毫没有阻止毛德发的步伐，水厂人员看他脚步急促，说道："这大雪天的，还特意跑过来，打个电话不就行了。”毛德发憨笑说道：“那可不行，现在疫情当头，一刻都不能马虎，让居民喝上放心水是我们共同的责任。”他仔细询问着每一口水源井的防护情况，逐一查看水源井周边是否有厕所、垃圾、污水、养殖粪污等污染源，是否有井房、井口是否封闭；认真排查每一处消毒设施运行情况，如无消毒设备，是否采取临时消毒措施等；针对供水厂了解水质检测情况，日常防疫工作是否实现封闭化管理，有无出入登记与测体温等防护措施；记录各区农村供水保障存在困难和需求，并对技术问题进行解答。

郊区水务中心全面完成全市 13 个区农村供水疫情防控专项排查工作，并汇总分析。毛德发一次次地叮嘱各区，一定要在疫情期间加密农村供水水质监测频次，重点是对病毒等微生物的监测；集中供水厂也要随时掌握水源水、出厂水、末梢水的水质状况；一旦发现水质不合格，要马上分析查明原因，确保供水安全。

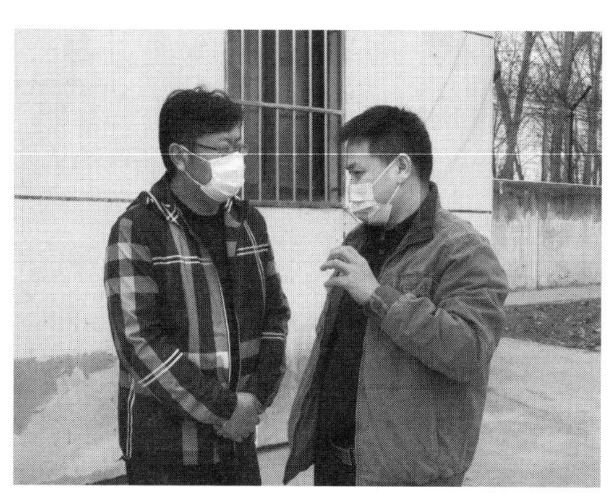

毛德发（右）与供水厂相关负责人沟通

疫情防控期间，保障供水净化消毒设施正常运行至关重要。毛德发带头编制了《农村供水消毒运行管理概要》培训教材，并亲自指导各区加强净化消毒设施运行管理，对于配备净化消毒设施的集中供水工程，必须严格执行净化消毒工艺；未配备净化消毒设施的集中供水工程，要赶快采购配发漂白粉、漂粉精、次氯酸钙片剂等成品消毒剂，按比例投加。考虑到部分区存在农村供水厂（站）消毒设备不全、存在故障等情况，他又带领科室人员开展了北京市内农村供水消毒设备及药剂调查统计，形成《北京市农村供水设施消毒设施快速选型比选名录》，名录包括消毒设备库存数量、类型、价格、安装条件、运行要求、设施报价等信息，以备各区应急使用。

毛德发知道在特殊时期，保障正常供水的同时，要严格落实好供水工程管理区域的疫情防控措施。他提醒各区要高度警惕因疫情或其他因素可能导致的水污染事件，严格做好水源巡查和运行管理，对工作人员统一增配口罩、手套等防护装备，确保各供水厂稳定可靠供水，保障人民群众喝上安全放心水。为了方便水厂人员操作管理，他带领科室连日编制了《农村供水安全须知》，并以通俗易懂、朗朗上口的顺口溜形式传送给各区，受到了大家的一致肯定。

毛德发总是做得多说得少，在疫情面前，乐于奉献、不忘初心、牢记使命，在这个特殊时期，坚持保障好农村供水运行管理，让老百姓放心喝水，喝放心水，就是一个供水人的责任和使命。

◇ 本文发表于2020年4月16日《中国水利报》

◇ 作者：马乐

彭斌：一天水利人，一生护碧水

8 年来，他以山为伴，与水结邻，泥里来雨里去，保证居民的饮用水安全，被大家亲切地称为“高山守水工”。而今，他 50 岁不到却已满头白发。有人劝他，别在基层水利干了。他说，他上班第一天就与黄岑水库结了缘，要离开，除非下辈子。一天水利人，一生护碧水。他就是宜章县黄岑水库管理所所长彭斌。

扎根基层 治矿护水

黄岑水库地处骑田岭东南部山腰，是宜章县城区唯一的集中式饮用水水源地。

1991 年，彭斌从学校毕业后被分配至黄岑水库管理所工作，巡山巡库、尾水监测成了他的日常工作。针对水库周边非法采矿屡禁不止、洗矿污水直排水库、水库水源区植被遭到破坏、水库水质遭受污染等情况，他连续多年向上请示报告，请求上级部门加大整治力度，保护饮用水源。他的建议得到当地党委、政府的高度重视，一个个非法采选矿点相继被取缔。

一天夜里，彭斌带队巡逻发现，一非法采矿点在偷偷开采，污水直排，且排污口极其隐蔽。他第一时间将情况报告有关部门，随后，该非法采矿点被依法查处。事后，有同事问他是怎么发现这个非法采矿点的？他回答说：“一靠经验判断，二靠细心观察。”

冬天巡逻，山路结冰是拦路虎。行走在崎岖山路，进山出山很不容易。每次巡逻，彭斌都要花五六个小时，每年要穿破好几双鞋。

2009 年上任黄岑水库管理所所长以来，彭斌始终要求工作人员定期取水样送环保部门检测化验。同时，建立水源地突发环境污染事件应急处置机制，有效保障县城正常供水、安全供水。

多管齐下 守护碧水

宜章地处湘南最边陲，是湘粤水源的生态屏障。

2008 年冰灾，黄岑水库周边山岭遭受重创、大面积裸露。每次大雨，山岭水土流失严重，泥水直接流入水库，水库水质十分混浊。为了涵养水源、富水养水，在彭斌的主持下，水库管理所制定了库区生态恢复五年规划，每年向林业部门争取苗木支持。同时，坚持不懈地发动干部职工、家属以及当地村干部和群众植树造林，不断提高森林覆盖率，使水库周边山岭重披绿装。

为保护好来之不易的绿色生态，彭斌将封山禁伐和护林防火纳入巡逻工作重要内容。每年清明节期间，他都放弃休假，带队值守库区，开展禁火宣传，杜绝火源入山，消除火险隐患，连续多年确保“零火情”“零火灾”。

彭斌清理水面垃圾

黄岑水库风景变美了，前来休闲游玩的市民就变多了，或垂钓，或烧烤，或露营，造成水库水体污染，带来安全事故隐患。于是，在完善警示界牌、宣传标牌和分类垃圾箱等硬件设施的同时，该库区还建立了常态化巡查保洁机制，要求每天捡拾库边垃圾，打捞清理水面漂浮物，做好水库禁渔、禁游等工作。同时，大力宣传和普及相关法律法规，营造人人爱水、人人护水的良好氛围。

为依法治水，彭斌带头参加渔政和水政执法资格考试，并申请成立了执法中队。在率队巡查执法过程中，他既苦口婆心，又无惧蛮横。通过努力，以往水库屡禁不止的垂钓、游泳、烧烤、乱扔垃圾等现象大幅减少。

科学调水 提升效益

水库管理所主要经济来源就是“卖水”，经济效益不好，干部职工的工资会受影响，管理经费也会捉襟见肘……为此，彭斌锐意改革，大力推行外引工作站目标管理办法，用绩效杠杆激励干部职工，使其变“要我干”为“我要干”，极大提高了水库引蓄水效益。同时，改变粗放的供水方式，推行左右轮流昼夜间歇供水，既满足了农业用水需求，又避免了跑漏水浪费。通过间歇供水，75％的灌溉水量节约下来并用于发电创收，最大限度地利用了水资源。

针对发电供水，在反复论证的基础上，彭斌探索水库高水位发电动态调度方法，不仅满足了水库防洪要求，提高了电站机组效率，还增加了水体自净能力，确保水库水质的可靠和安全。

扎根基层，管水护水。近年来，在彭斌的带领下，黄岑水库管理所先后获省园林式单位、市文明单位、市模范职工之家等荣誉。2016 年，黄岑水库“守水工”集体获评“感动宜章十大人物”。

◇ 本文发表于 2019 年 9 月 12 日红网

◇ 作者：陈红军、何小军

彭世琥、程龙：碗子圩的鼓点

2020年7月7日零时至7月8日12时，连着36个小时强降雨；8日，上游安徽来水一夹击，鄱阳县石门街站水位达30.58米极值，超历史0.23米；9日，昌江来水使古县渡站水位达23.43米极值，超历史0.25米……这些让驻守在鄱阳县碗子圩的两名县水利局的年轻技术员彭世琥、程龙有点缓不过劲来。他们一个不断追踪陡峭攀升的站点数据，一个良久盯着凶猛上涨的鄱阳湖水。

他们头脑短暂空白，这空白之感在他们各自的女儿出生那会也曾有过，只不过女儿们出生，带给初为人父的他们是庞大的喜悦，而这轮暴雨带来正在成长中的他们却是在以往工作中从未有过的惊惶。从来没有哪一年的洪水像今年这般来势汹汹，仿佛极速的闪电，不容分辩朝人直劈过来。年轻人其实是很不喜欢这种感觉的，这意味着自己在这一时刻怂了。他们有些恼怒，一个是重庆交通大学研究生毕业，一个南昌大学水利专业毕业；一个是土生土长的鄱阳人，一个在县水利局工作了近十年，都经历

彭世琥在摸排碗子圩泡泉险情（刘国南　摄）

了许多次洪水的考验和锤炼，怎么就能怂了呢？何况自己眼下守护的是事关 3 万人、3.9 万亩农田安全的碗子圩，怎么可以轻易就怂了呢？

带班的老水利专家吴俊亮喊了一声："有险情，上堤！"他们的精气神一个激灵归了本位。

精气神归了本位的两个年轻的水利技术员，变得沉着，举手投足传承了带班老专家的衣钵：上圩堤，心莫慌；细观察，准施策。

那一天，碗子圩似乎被下了诅咒，从清晨到夜里，出了十几处大大小小的险情，三个水利技术员，一人一个点，在总长 11.7 公里的圩堤上接力赛跑，与洪魔抢着保堤卫家的速度。

早上 8 点多，古南社区段上游跌窝，行人太多，怎么办？年轻的世琥一边就近组织劳力用旁边储备的砂卵石做应急处理，一边疏散老人妇女；一边调度装载车紧急运来黏土做外帮堵水，一边在出水口做反滤围井排水。

中午近 1 点，程龙的盒饭还来不及扒一口，古南社区段因堤身贯穿性穿洞导致上游塌方，这地方前晚就出过险，正在处理过程中呢，因为水势太凶猛突然跌窝，呈直径约 3 米的大旋涡。大旋涡仿佛洪魔黑洞，一辆正在作业的后八轮大货车掉了进去，所幸现场指挥临危不乱，就近调用一辆挖掘机和一辆铲车，近两小时操作，才将车拽了上来。与此同时，附近几个村的人员、设备迅速集结到场投入战斗，之后，从福建开拔过来的 100 余名解放军及鄱阳当地几百名民兵也赶赴驰援，近 20 辆装载车源源不断

程龙（右二）、吴俊亮（右三）商讨碗子圩险情处置（操俊　摄）

将储备的黏土运送过去。一次又一次，人与机械合力，历时 4 个多小时，终于将一颗巨胃填扎实了。

夜晚 10 点，程龙、彭世琥借着手电筒的微光错身而过，他们的裤兜里同时响起了请求视频连线声音。这个点，是他俩一起值守碗子圩十余天来心照不宣的点：像约好似的，俩人的妻子总在那个时候分别抱着刚满月的、快满百天的宝贝表达对他们的牵挂，并告诉他们每一天宝宝的点滴变化。他们谁也没有摁断请求，也没谁腾出时间去接通。

碗子圩上视频请求响了许久，那声音，听在耳朵里，是催人奋进的鼓点，又像是淌过心海的电波。

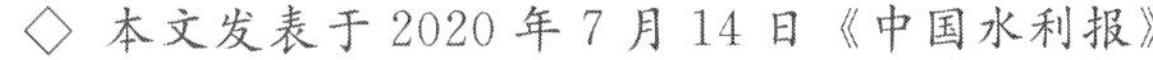
◇ 本文发表于 2020 年 7 月 14 日《中国水利报》

◇ 作者：罗张琴

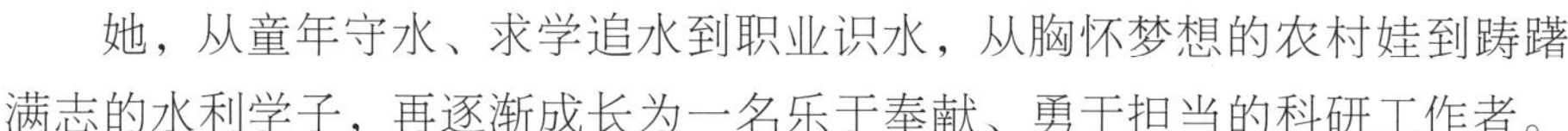

商崇菊：让梦想在水利科研事业上绽放

她，从童年守水、求学追水到职业识水，从胸怀梦想的农村娃到踌躇满志的水利学子，再逐渐成长为一名乐于奉献、勇于担当的科研工作者。

对她来说，搞水利科研工作不单单是一份职业，更是一份责任。她，名叫商崇菊，来自贵州省黔南州布依族苗族自治州瓮安县农村。2007 年，从华北水利水电学院水利水电工程专业硕士研究生毕业，便入职贵州省水利科学研究院，成为一名“80 后”水利科研工作者，主要从事山地水资源高效利用理论与技术和山区水旱灾害防御研究。

在同事们的眼里，“精力充沛”“兢兢业业”“女汉子”“干实事的人”就是商崇菊的代名词。

商崇菊热爱生活，作为两名孩子的母亲，却仍然坚持关注农村贫困家庭儿童扶志、扶智工作，自主联系贫困家庭儿童开展对口帮扶。

说起商崇菊的拼劲，周围同事都竖起了大拇指。

“2010 年春季，西南大旱，商崇菊主动延迟婚礼，坚持和其他单位同人在半个月内两次赴京连续加班奋战为我省争取抗旱供水项目提供技术支撑。”

“孕育两个孩子，在孕期坚持带着疲惫的身躯出差，满月后第一天便到岗待命。”

……

同事们笑着问：“你那么拼，是涨工资了还是多发奖金了？”

商崇菊平静地说：“体制内单位，不可能因为‘拼’就多发工资或奖金。我能坚持，是因为我的初心就是做与庄稼用水有关的水利知识分子。力所能及地做好水利科研，是我不容推卸的职业责任”。

作为单位党支部书记，在基层党支部建设中，商崇菊结合支部党员年轻化、高学历、强素养、多专业、全专技等特点，不断创新支部管理方式，创造性开展支部活动，多次带领支部开展脱贫对口帮扶工作和脱贫攻

商崇菊（左二）调研农业园用水情况

坚农村饮水安全指导，持续推出系列特色专题研讨，统筹实现支部建设与水利科研高度融合。近年来，她的团队围绕优势研究领域多次编制并发放水利科普读物近 4 万册，通过校园讲堂、主题活动日、业务培训等形式开展节约用水和水旱灾害防御与应急自救科普活动 20 余期。

投身脱贫攻坚主战场，巾帼不让须眉讲担当，党建科研并进显本色。

技术业务方面，商崇菊无问西东从初心，想方设法克服个人困难，力求理念思路创新、内容形式创新。为获得一手水利科研素材，频繁赴水源工程、田间地头、工矿企业等一线开展调研。近年先后主持或参与完成省部级、地厅级项目 20 余项，参加全省水旱灾害防御会商等行政决策若干次，协同公益组织开展河流生境保护研究等相关公益课题研究。在加强和创新社会治理、推动可持续绿色发展方面，立足“水利行业强监管”，先后主持完成或参与多项国家级、省级立法研究；围绕“节水优先”，主持完成《贵州省用水定额》修订和全省县域节水型社会达标建设技术评估工作。此外，商崇菊还坚持将水利科普作为自身社会责任，积极参与节水知识进校园、防灾减灾知识进社企公益科普知识宣传，为我省实行最严格水资源管理制度、打好节约用水攻坚战、增强水旱灾害防御能力发挥了重要引领和示范作用。

成绩属于过去，奋进正当其时。问及如果看待工作中的困难，她笑着说：“没有一样事业不委屈，有梦想、有目标就会有困难，唯独一股劲儿往前走。”

身为两个孩子母亲的她，面对成绩和好评却很淡定：“贵州水利事业任重道远，作为一个普通水利人，让水利职业责任变成一种习惯就好。”

◇ 本文发表于2020年4月28日新华网

◇ 作者：商崇菊、胡荣华、李正兵

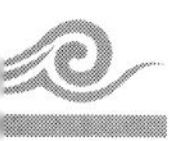

孙清军：英雄传人守护英雄城市

乙亥年末，庚子春初。湖北省水利厅水文水资源中心军转干部孙清军，参加过四川抗震救灾、湖北抗洪抢险，在武汉战疫中，闻令而动，勇挑重担，敢于担难、担责、担压、担险，发挥先锋模范作用践行初心使命。

戎衣在身，使命在肩

军旅生涯 24 载，毕业于石家庄陆军学院，先后在陆军和空军部队服役。在黄麻起义的红军部队、上甘岭黄继光英雄部队，历任营连主官、团政治处主任。

危难时刻，敢于担当。2008 年 5 月 12 日，汶川大地震。灾情就是命令，时间就是生命。时任黄麻起义红军部队宣传股长的孙清军，与 1200 余名官兵乘飞机从武汉直飞成都，在德阳绵竹汉旺东汽中学，参与抢救 300 余名遇难师生三天三夜，参加天池大营救、绵远河抢险、进村入户拉网搜救、灾后重建搭建板房等，奋战 67 个日夜，不顾生死，敢打硬仗。

危险时候，勇于担责。2010 年 7 月 19 日，湖北广水强降雨引发水库缺口，城区局部洪水达 3 米，财产损失严重。时任“抗洪抢险先锋营”教导员孙清军，带领 200 余名官兵历时 20 天，连夜封堵决堤水库，深入城区抗洪抢险，解救群众 1300 余人，并在驻地抗洪抢险先进事迹

孙清军（左一）是参加过汶川抗震救灾的老兵

表彰大会上作报告。所在营在 1998 年长江抗洪中，勇堵荆州洪湖大堤八八潭特大管涌，被空军授予“抗洪抢险先锋营”荣誉称号。

危急关头，善于担险。回归人民、回报人民。2019 年，孙清军副团转业到湖北水利，岗位在变、工作在变、身份在变，但是对党忠诚、为党分忧、为党担责的政治信念始终没变。2020 年，面对突如其来的疫情防控阻击战，湖北启动一级响应，吹响党员集结号。孙清军临危受命、闻令而动、不惧艰险、冲锋陷阵，主动下基层、进社区、到一线，参加双报到、双服务、双防控，转战武昌区、江汉区、洪山区，编入社区防控网格，承担网格防控任务，鏖战 4 个小区，像坚守上甘岭主阵地一样，坚守疫情防控的新阵地 73 天。

初心不改，本色不变

长江水暖，江城岁寒。在抗击疫情的重灾区武汉，孙清军不怕疲劳、连续作战，到位不缺位、帮忙不添乱，坚守过的四个小区全部被武汉市评为“无疫情小区”。

小刘家湾社区防控战，“共驻共建，我有责”。2020 年 1 月 17 日，孙清军主动参加武昌区洪山坊社区“美化社区、清洁家园”活动，彻底清理社区垃圾 2 车。通过清理卫生死角，美化社区环境，减少了病毒隐藏风险，打响抗击疫情主动战，受到居民广泛好评。1 月中旬，孙清军陪同省局党委书记杨金春前往武昌区中南路街小刘家湾社区看望慰问 6 名困难群众，与社区沟通完善“共驻共建协议”“为民服务清单”，主动打响小刘家湾社区的疫情防控战。随后，湖北省水利厅党员突击队队长杨金春，带领 29 名机关干部在小刘家湾社区，参加封控值守、体温排查、消杀作业等工作，累计战疫 221 人次。

福星城小区攻坚战，“我是党员，我先上”。武汉市江汉区红梅里社区福星城小区，距华南海鲜批发市场 2 公里。2 月 7 日，孙清军同志主动提交请战书，接受社区党支部指挥。福星城北区疫情最重，5 栋大楼全部封闭隔离，恐惧情绪蔓延社区。据红梅里社区副主任杜建军介绍：孙清军是社区最早参加志愿服务的省直干部，作风过硬，主动请缨到最危险的北区，在无防护服、无护目镜、无医用手套的三无条件下，全凭口罩，不惧安危，四次穿越封闭隔离区，深入新冠肺炎患者家中送菜送药送温暖，为隔离区 23 户家庭配送物质，协助登记诊断信息。历时 16 天，同时参加消杀灭毒、站岗执勤等工作，在“应收尽收”攻坚战中发挥了重要作用。福星城获武汉市第九批“无疫情小区”。

市政小区阵地战，“看家护园，有我在”。武汉市江汉区红梅里社区市政小区，出现过华南海鲜首批新冠肺炎患者。2 月 23 日，孙清军奉命转战市政小区，积极参加网格化管理、地毯式排查等工作。“看家护园，有我在”，针对隔离在外地居民的担心，孙清军安慰到。尽管家中还有一岁半的小孩需要照顾，孙清军仍克服困难，与公安民警、小区保安，并肩战斗，严格封闭管理，晚上执勤到 21 点，连续 4 天，参与社区团购物资配送 200 余件。市政小区获武汉市第二批“无疫情小区”。

孙清军积极参加小区消毒工作

自建村社区阻击战，“战疫有我，冰雪会融，樱花会开”。2 月 26 日，孙清军参加省水利厅援汉战“疫”工作组，跨区转战第 3 行政区，下沉第 4 小区 51 天。

坚守阵地，精准防控。武汉市洪山区和平街自建村社区，位于城乡结合部，是个开放式、无物业社区。社区党总支书记何友华讲：自建村社区因城中村改造、房屋拆迁，网格员取消，社区分 2 片 6 村，居民、租户、商户分散混居，防控难度极大。

孙清军第一时间测量防控距离，清点进出通道和临街门面，建议封堵缺口，筑牢防控阵地。在临时党支部书记王新祥的带领下，就地取材，自制简易器材、拉起警戒线、筑起障碍物，将 2 公里战线、3 条马路，划分 6 个防区，严管 44 个进出通道、191 间临街门面。

在自建村社区，既站固定岗、又当巡逻员，每天巡逻达 10 公里；远程机动、跨区执勤，每天行程近 60 公里；全程户外、卡点封控，每天在外时长超 11 小时。与社区实现 AB 岗，昼夜防控，确保社区 24 小时防控全覆盖、无死角。自建村社区成功入选武汉市第三批无疫情社区。

为民服务，精细管控。群众“点单”、党员“接单”。多渠道听呼声、全方位解难题。3 月 18 日，孙清军协助社区将咸宁市政府捐赠的 300 斤活鱼，连夜分发给 60 户特困家庭。3 月 23 日，连续 2 天协助社区搬运分发 3300 斤爱心猪肉和排骨，为群众丰富“菜篮子”、备足“米袋子”、充实“果盘子”，发挥了强信心、暖人心、聚民心的作用。

在社区党总支书记何友华的带领下，孙清军和同志们穿过城中村改造下的断墙残壁和狭窄道路，将厅党组慰问品全部送到 12 户困难群众家庭。81 岁的陈凤娥老人抱拳鞠躬、82 岁的肖振声老人合掌致谢、90 岁的钱兰芳老人泪湿青衫。当孙清军手提 50 斤物资步行 1 公里为 50 多岁工人运送物质到家时。他们都流下了感动的泪水，泪水中有被关怀的感激、有被牵挂的幸福，饱含着心心相印、同甘共苦、团结奋斗的深厚情感，饱含着共渡难关、共克时艰、共战疫情的坚定信心。

复工复产，精密智控。恢复社区功能、修复城市功能。孙清军积极协同工作组，主动为能开业、想开业的 75 家社区商店、2 家企业提供指导，逐户检查健康吗，逐步推进复工复产。帮助群众开通“健康码”80 余次，社区落实扫码进出 11976 人次。

碧水丹心，同心战疫。坚持为民服务理念，紧密联系群众，密切干群关系，党群联心，干群齐心，把群众当亲人来待，与群众建立了深厚感情。自建村社区陈宗杰、吴竹兰两位老人，年近古稀，仍经营水泥砂石生意维持生活，其儿子在北京工作、中国籍女儿在法国工作。4 月中旬，由于复工复产，建材需求量大，吴竹兰采购的 10 吨黄沙急需装袋，由于陈老年前刚动过手术，体力尚未恢复，装运十分吃力。孙清军和李帅，及时增援两天，装运 10 吨黄沙 500 袋，确保按时发货交付工地。

陈宗杰老大爷担心的重体力活，终于得到解决。吴竹兰老人感动不已，每天为同志们送开水，温暖了水利人，感动了工作组，密切了党群关系。

心中有魂，脚下有根

穿上军装能战斗，脱下军装能奋斗。共产党员，平常时候、看得出来，关键时刻、站得出来，危急关头、豁得出来。

从武汉封城按下暂停键，到解除离汉通道打开重启键，再到复工复产开启快进键，孙清军转战武汉市三个行政区四个社区，经历疫情防控最危险、最艰难、最疲惫的“三个阶段”，经受了疫情暴发高危期、防控人手短缺期、防护物质紧缺期、常态防控巩固期的“四个时期”。

3 月 29 日，武汉中雨，气温骤降。党员工作组坚守自建村社区防控阵地，尽管帐篷漏雨、寒风刺骨，仍然全程户外、卡点封控。临时党支部书记王新祥带领徐中远、聂久汪、孙清军，不惧风雨，逐点检查，加固封控，巡逻达 12 公里，有风有雨是常态、风雨无阻是心态、风雨兼程是状态、风雨同舟是姿态。

孙清军（左）积极为小区老人“送货上门”

从 1 月 17 日，美化社区、清洁家园。到 4 月 19 日，常态防控，复工复产。孙清军面临过独立下沉福星城小区时无防护服、无护目镜、无医用手套的“三无”条件，克服过自建村社区无物业、无网格、无封闭的“三无”困难，精准防控、精细管控、精密智控，确保下沉社区全部成为无疫情社区，成绩来之不易，经验弥足珍贵。

头戴小红帽、臂挂红袖章、身穿红背心。73 天来，孙清军转战四个战场，协助四个社区搬运分发 300 斤活鱼、3300 斤猪肉等物资 900 件 12 吨。参与劝退 800 人次、核实登记 6000 人次，为 4600 户居民、11000 余人的三个小区站岗巡逻，成为社区联防联控、群防群控、稳防隐控的“硬核”力量。

4 月 8 日，习主席给武汉新城社区回信后，结合省委统一部署，厅机关积极协助社区，整合防控力量，组建常态化防控队伍，健全长效化防控机制，并与社区建立联系点和联络员制度，保持对口支援社区不改变、对口支援责任不脱钩。

4 月 20 日，孙清军回到阔别已久的单位，马上调整工作重心，参加到厅对口支援十堰市竹溪县水坪镇纪家山村贫困户对口帮扶工作中。从社区战疫到山村战贫，转移 4 个阵地，转战 2 个战场，任务已经调整，战斗即将打响，决战决胜脱贫攻坚、全面推进乡村振兴、全力冲刺全面小康。

围绕增强“八种本领”，不断提升抓党建党务党风的能力、办文办会办事的能力、服务改革创新发展的能力，孙清军注重在重大任务中摔打锤炼、提升能力素质，在《解放军报》《空军报》等媒体发表文章 2200 余篇，荣立三等功二次。武汉战疫期间，白天下沉社区，晚上网络办公，在

《中国水利报》《湖北日报》《湖北机关党建》杂志、《中国水文化》杂志、《水利作家》《水利文明》等融媒体平台刊发战疫事迹50余篇。

碧水丹心，红心向党。在民族危难之际，历经抗震、抗洪、抗疫的严峻考验，闻令而动、勇挑重担、勇当先锋，敢于担当、勇于担责、善于担险，发挥了共产党员的先锋模范作用。

◇ 本文发表于2020年2月28日中国军网

◇ 作者：徐世元

田浮萍：此身天地一浮萍

流水悄逝，野棠花落。2020 年 4 月 15 日，是山东黄河河务局原党组书记、局长田浮萍诞辰。

田浮萍，原名初保庆，1920 年出生于山东博兴，1939 年投身革命工作并光荣地加入中国共产党。黄河归故后第二年，他毅然选择了与滔滔河水为伴，成为人民治黄队伍中的一员，开启了 36 载的河上人生。

从未及弱冠便历经亡国之忧，到青年时代又逢内战之乱，再到知命之年突遭政治变故，田浮萍好似一株漂泊在广阔天地间的浮萍，哪里需要他，他便在哪里停留，哪怕短暂，哪怕艰难，却从未藐视，更从未退缩。

胸有丘壑的决策者

田浮萍的一生中，被赋予了很多个头衔：人民治黄初期的蒲台治河办事处主任、新中国成立后的垦利黄河分局局长、黄委工务处处长、山东黄河河务局局长……一纸聘文，便担一肩责任使命；一声承诺，便护一方百姓平安。

1949 年秋汛复至，驻守在麻湾北坝头的垦利分局局长田浮萍焦灼万分，虽连续抢护，但坝头在肆虐洪水的冲刷下节节塌陷。若延迟抢护等待时机？不行！洪水无情，务必分秒必争。这时，亲历多次洪水抢险的田浮萍郑重地说道："抢吧！成功了我给你们记功，失败了算是花钱买经验。"一语定音，激昂回响。河工们闻之顿感干劲十足，打桩出埽，昼夜不息，直至险情转危为安，共同迎来新中国的成立。

1958 年伏汛凶猛，一场百年不遇的特大洪水正等待着黄委"中枢"们对分洪或不分洪的艰难抉择。田浮萍在《碧血丹心锁"黄龙"》一文中这样回忆彼时的情形："当时我是黄委会领导成员之一、工务处处长，日夜与王化云主任等领导同志坚守在防汛办公室。……17日是个不眠之夜，王化云主任和我、张林枫及防办的全体工作人员都在等待着雨情、水情变化的最新消息。”凭借着丰富的治黄经验和过硬的业务功底，田浮萍权衡利弊、审慎建言，直接参与了这次重大决策。在党中央、国务院、水电部的关怀下，周恩来总理亲临郑州，肯定了不分洪的决策。最终，众志成城的治黄人在各自的战场上抢险堵漏、激战洪峰，让这场新中国成立后第一场大洪水安澜入海。

1999年7月，田浮萍考察陈孟圈险工

1978年岁末时节，田浮萍成为山东黄河河务局的掌舵人，开始在628公里的大堤上驰骋奔走。面对防凌防汛的严峻形势和社会发展的迫切要求，他深感责任之大，担子之重，以对工作的高度责任感和对人民的无限敬畏心，从大力加固堤防、发展引黄灌溉、实施放淤固堤、战胜历年洪水，到改善职工工作生活条件、解决年轻职工两地分居问题……田浮萍让一项项务实举措在齐鲁大地上齐头并进，一件件为民之事在母亲河畔次第开花，山东黄河用岁岁安澜的答卷为改革开放事业保驾护航。

脚裹泥土的实干家

循着田浮萍的人生轨迹一路走来，会发现有许多个“第一”与他息息相关：在利津，试办了山东黄河第一座引黄放淤工程——綦家嘴引黄闸；在齐河，制造了黄河上第一只简易机动自航式钢板吸泥船——“红心一号”吸泥船；在梁山，第一次提出“分得进、守得住、排得出、保安全”的东平湖十二字科学运用方略……然而，在每个熠熠闪光的“第一”背后，更多是田浮萍身上折射出的敢闯敢干的信念、一往无前的姿态和脚踏实地的干劲。

敢为人先，勇为竟成。1950年，年方30岁的田浮萍主动请缨，接过了在所管辖的利津綦家嘴险工8号坝试办引黄放淤工程的重担。熟悉黄河“善淤、善决、善徙”秉性的治黄人都明白，在黄河下游大堤上破堤修建引水工程历来被视为不可逾越的“禁区”。其实，早在 1936 年，国民党政府曾在王庄险工 25 号坝试建引黄虹吸管，但未发挥作用就因日军入侵而废弃。如今，经过多方查勘调研，认为在綦家嘴修建闸门，既能放淤固堤，又能改良土壤，可谓是一举多得。在田浮萍的带领下，同年 3 月，綦家嘴引黄闸破土动工，竣工当年便解决了利津、沾化两县 20 多万人吃水的问题。随着该引黄闸的建成，山东引黄供水的大门被甘甜河水悄然打开。在以后的岁月里，一座座拔地而起的涵闸将汩汩流水送向远方，在农业增产、放淤改土、引黄稻改、城镇供水等方面发挥着巨大作用，为社会经济腾飞打下良好基础。

艰难困苦，玉汝于成。1969 年，已近 50 岁的田浮萍作为下放劳动干部，踏上了齐河南坦的土地。转年 2 月，齐河修防段成立造船组，拉开试制吸泥船的序幕。田浮萍同职工们一道，凭着仅有的一部电焊机、两个氧气瓶和几把大锤，大胆钻研、修旧利废，用“一颗红心两只手，自力更生样样有”的雄心壮志，憧憬着心中吸泥船的样子。当垫起的方木当作船台，十几磅的大锤摇身成了压平机，赤膊上阵的人们代替了起重设备，坝头上的铁锤声、电焊声、吆喝声不绝于耳，仿佛在诉说着治黄人的艰辛和不易。5 个月后，黄河上第一支铁壳吸泥船破土而出，9 月，在齐河南坦下水试验运转成功，翌年正式投产。很快，这项简便而实用的技术成果以燎原之势在鲁豫大地上掀起了机械淤背固堤的热潮。1974 年，利用吸泥船淤背固堤成为黄河下游近期治理的重要措施之一；1978 年，机淤固堤技术捧回全国科学大会奖。直到现今，在黄河下游蜿蜒的河道内，依然有一只只傍依着大河的吸泥船，夜以继日地抽沙淤地、加固堤防，它们不仅夯实着母亲河的铜墙铁壁，更镌刻下田浮萍等老一辈治黄人攻坚克难、自强不息的峥嵘岁月。

惟其艰难，方显勇毅。1970 年，刚刚目送吸泥船下水的田浮萍临危受命，只身奔赴梁山，担任黄河位山工程局（东平湖管理局前身）核心小组组长，负责东平湖滞洪区建设。因受“文化大革命”影响，东平湖这张“王牌”有些力不从心，但它作为济南市、津浦铁路、胜利油田以及千百万沿黄百姓生命财产安全的“保护神”，亟须重振旗鼓。田浮萍的到来，为停滞不前的“王牌”工程注入了一股敢抓敢管、雷厉风行的气息。制定方略，他集思广益、唯实求真，最终确定的 12 字方略仍是如今东平湖防汛的基本遵循；改建涵闸，他抓质量、抓进度、抓节约，十里堡、林辛、石洼 3 座进湖闸竣工运行，彻底解决“分得进”的难题。如今，这片镶嵌在鲁西南大地的静谧水泊，以其坚不可摧的防洪工程体系，彰显着“王牌”工程不可撼动的地位和历久弥新的魅力。

1999年7月，田浮萍（前排右一）在河套圈险工了解情况

眼流暖意的平凡人

“我的父亲是位平凡人，从没有过豪言壮语。”田浮萍的大女儿初玉珍讲道。正是这样的一位平凡人，他将点滴小爱汇集成无私大爱，用些许善意温暖他人。

他是同事眼中的“刀子嘴，豆腐心”。在一次听取土方工程报价的会议上，多年摸爬滚打于河边的田浮萍察觉价格有误，便不留情面地当场指出错误所在，并对工作人员进行了严厉批评。与此同时，他又对年轻职工和普通工作人员关爱有加，在黄委任职时，他直言“只要有知识分子，俺都要”“有污点不要紧，都给俺送来”，经他培养提携的年轻人都在各自的岗位上取得了不菲成绩；在山东黄河河务局供职后，他同驾驶员、炊事员等“小人物”打成一片，以致大家到后来才知道他是省局局长……其实，像这样的事例在田浮萍的工作中不胜枚举，也许正如济南黄河河务局原局长孟青云回忆与田浮萍同在东平湖的往事时所提到的那样：“田浮萍……给职工做出了榜样，大家都讲：‘这才是治黄的好干部’，尽管他作风上雷厉风行，批评得比较严厉，但他都是为了国家，为了人民，大家都能理解。”

他是家人心中的“大靠山”。工作中铁面无私的田浮萍，在生活里却不乏柔情，是和善可亲的“大家长”。“爸爸一生宽厚淳朴，给了我们最温暖的亲情。”田浮萍的二女儿初玉珠讲道。雷雨过后的晌午，他每每守候在家属院的水洼旁，将幼小的孩童依次抱过，强健臂膀下盛放着无尽关爱；落日余晖的傍晚，他和妻子将舍不得吃的细粮带给嗷嗷待哺的孩子，舐犊情深中饱含着满心欢喜；昏黄幽暗的夜晚，他悉心教孩子们缝衣服、纳鞋底，浓浓父爱里融化着一针一线。

田浮萍（右）与夫人

浮萍本无根，但守住了矢志不渝的初心便有了根，握住了坚定不移的信仰便有了根。

涛拍黄河岸，风颂赤子心。田浮萍同志一生奔走于大河上下，同钱正英、江衍坤等治黄元勋一路开辟艰难曲折的道路，与千百万沿黄军民一道建设孕育希望的黄河，在广袤大地上书写下一心为民、公而忘私的赤子情怀，播撒下高风亮节、光明磊落的精神火种。这些美好品质与高尚情操，将化作穿越苍穹的凌云壮志和奋发向上的无穷力量，永远激励后辈治黄人破浪前行、接续奋斗。

山东黄河河务局原副局长张学信在纪念文章《功在黄河 利在千秋》中讲：田浮萍的一生，是革命的一生，战斗的一生，是勤勤恳恳为革命和治黄事业无私奉献的一生。他忠于党，忠于人民的精神风貌永远值得我们学习和怀念。

◇ 本文发表于2020年4月16日山东黄河网

◇ 作者：崔慧聪

田国生：不忘初心 筑梦深山

天刚蒙蒙亮，田国生和徒弟走出值班室，顺着陡峭的台阶路拾级而下，师徒俩一前一后跨过百米宽的乱石河滩，来到测洪断面。田国生小心翼翼将测深杆插入河底，一边读取水位信息一边叮嘱徒弟做好记录……伴随着水流淙淙，密云水库下会水文站站长、全国劳模田国生开始了他一天的工作，这一套动作平均每天重复十多次。寒来暑往，岁月如梭，2020年已是他来下会的第34年。

下会水文站，是国家基本水文站，坐落在密云水库上游的潮河干流上，控制流域面积5340平方公里，为密云水库的防汛调度提供着第一手数据。田国生是山里长大的孩子，1985年就来到了下会站，当时的他只有18岁。“别看是叫水文站，其实就我和师傅王养才两人，一到汛期，测流任务非常重，每逢大雨，从两个小时测一次到六分钟测一次，几天几夜不能睡觉是常有的事……”田国生一边回忆一边告诉记者。1991年夏天，潮河上游发洪水，测流人员要用水尺一点点向河中心施测。田国生自恃从小水性好，就抢先下了河。在齐腰深的洪水中，他一步步小心移动，突然身子一沉，淤泥一下子就没到了胸口，他瞬时呼吸困难，脸憋得通红。幸亏师傅帮忙，一把把他从泥里拽了出来。后来，别人把这事告诉了田国生母亲，母亲埋怨他：“儿呀，咱测流，不能把小命儿丢河里呀！”他笑笑说：“没事，我打小在河边儿长大，它还能治得了我呀？”汛期过去，转眼就是冬季的天寒地冻，要凿开冰面测流。田国生清晰地记得有次师傅王养才工作时掉进了冰窟窿，棉袄棉裤都湿透了。还没走回站里，整个人就冻成个大冰坨，冻僵在那里一动不能动。等田国生借板车把师傅拉回去的时候，师傅冷得浑身颤抖，牙齿相碰的“咯咯”声在安静的小屋里异常清晰……那声音，让田国生心疼啊，几十年都忘不了。师傅退休那天把那把破旧的测深杆递给了田国生，认真对他说：“这老伙计有用坏了被丢掉的时候，可咱下会站的人干工作的狠劲儿不能丢。不论啥时候‘宁可身受累，也不让脸受红’，你记住了吗?”田国生接过流速仪，肩负着师傅的嘱托成了第二任下会站的站长。

他常说：“站长就是带着大家干活的，你身体力行，大家伙儿也会跟着你好好干。”2000 年田国生入党了，他更加严格要求自己，时刻保持着一名党员勤勉敬业、甘于吃苦的朴素情怀，有了困难他总是冲在最前面。

田国生正做水文监测（李婕　摄）

一次，他在河边测流，上游方向有一中年妇女正在洗衣服，脚下一滑掉进了湍急的河水里。中年妇女的呼救声断断续续传来……田国生惊呼“不好”，一纵身扎进了冰冷的河水里，他使出全身力气将落水妇女拖上了岸，自己却由于体力透支趴倒在岸边。他这段舍己救人的事情，在下会村及周边的老百姓口中传为佳话。

2018 年汛期，大雨连绵，下会站迎来了又一次挑战。田国生带着大家伙儿都住在站里，谁也不回家。在瓢泼大雨、电闪雷鸣中他们一次次奔赴测洪断面，没白天没黑夜地取水样、测含沙量，每个人身上的衣服总是湿的。他打趣地安慰大家说：“老天爷不错，天天给咱们淋浴呢!”由于交通被阻，补给供不上，他们只能靠存储的方便面充饥。就是在这种情况下，小站全体人员连续奋战十多天，成功测得近 20 年来的最大洪峰。

“未觉池塘春草梦，阶前梧叶已秋声。”34 年弹指一瞬间，田国生从初出茅庐的小田变成了两鬓斑白的老田。长年累月的涉水测流，给他落下了老寒腿的毛病，一年四季都离不开秋裤。他带过的徒弟不计其数，有成为单位业务骨干的，更有走上领导岗位的，田国生打心眼儿里为他们感到自豪。上级领导多次询问他要不要换一个稍微轻松点的岗位，他总是笑笑说：“这里的工作总得有人带。”

在他的带领下，下会水文站 30 多年从未出现过一次错报、漏报、误报。下会站先后获得“全国报汛先进集体”“全国水文系统先进水文站”“北京市模范集体”“北京市青年文明号”等荣誉。田国生本人也被评为“全国抗洪模范”“‘首都劳动奖章’获得者”“优秀共产党员”……站上的各种奖章和荣誉证书挂满了整面墙，闪闪烁烁诉说着一座小站的所有沧桑和艰辛，诉说着田国生最本真的初心——“宁可身受累，也不让脸受红”……质朴的话语里尽显共产党人的真情，平凡的工作里凝聚着一名水务赤子的担当。

◇ 本文发表于2019年7月23日《中国水利报》
◇ 作者：李婕

童纪根：朴实的追梦人

南方的四月天好似恋爱中的姑娘，忽冷忽热，时晴时雨。在三十多摄氏度的烈日骄阳下，宁德霍童溪畔上有一个消瘦的身影，披着红色的绶带，头上戴着草帽，手上拿着钳子和垃圾袋，沿路捡拾着河流沿岸的垃圾杂物。遇到被人随意丢弃在岸边的废旧泡沫，他竟也不管不顾，直接撸起袖子俯身伸手就抓起来，也不在意泡沫上的污水，就那么随手捡起一根绳子，三两下就把它们捆成一团，一路带着寻找村里的垃圾桶。这就是宁德水文局局长、书记，童纪根。

他是朴实的“追梦人”。严于律己、宽以待人，这是对他最真实的写照。作为单位的一把手，他丝毫没有领导架子，而在工作中以一种近于严苛的态度以身作则、率先垂范。2016 年 1 月，童纪根从南平调任至宁德担任局长、书记。虽然家在异地，但是他从未因此耽误过工作，每天早上 8 点前准时打卡签到出现在办公室，如果没有紧急的事情，周五下班打完卡再出发前往福州，再几经波折折返南平。就像普通的返乡人一般，他总是趁着工作空隙抢票、买票，挤公交、动车，像他的工作作风一样朴实、脚踏实地。作为局长，他却总是披着绶带、穿着红色小马甲出现在社区内、马路上、公园里，拿着扫把、提着畚斗、拎着垃圾袋、抡着铲子，以一种极度负责的态度带头开展精神文明创建，捡垃圾、扫地板、清除牛皮癣对于他来说都是“这都没什么”的事。甚至有的同事干累了偷偷休息一下，他还依然埋头

童纪根（右一）在给小记者讲授水尺有关知识

把自己“分管”的一块卫生做好。经常忙得满头大汗后，他才哈哈笑着说“好像真有点累啊”。脱了红马甲后，他又提起公文包，奔波于各科室、测站和兄弟单位间，抓重点项目建设、抓水文情报预报、抓水文“两项改革”、抓安全生产。作为党员，他经常强调要“讲政治”。所以做人、做事讲原则是他对工作最起码的尊重。在学习这块他也是毫不马虎，重要的文件一定带头逐字逐句反复学，要求学习的文件一定带头逐份全面学。虽然忙碌，但是“学习强国”排行榜上却总能看到他跻身前列。正是在他这种以身作则从小事做起的精神带领下，宁德水文局于2017年成功获评省级文明单位荣誉称号，成为全省水文系统第一个地（市）级水文局获此殊荣的单位。水文“两项改革”、重点项目建设、水文情报预报工作也位居全省前列，取得了明显成效。

他是青年的“好老师”。在蕉城水文站，童纪根局长蹲在地板上一只手撑地，另一只手指着岸边的水尺，给“小记者们”讲解水尺的作用，以及如何利用水尺观测水位，他的耳朵几乎都要贴到地板上了。作为一名授业解惑的“好老师”，他总是这么有耐心，反反复复不断解释，直到你听懂为止。“作为青年干部，你们是水文的未来，我希望你们能充分利用业余的时间，多开展理论、业务学习，多进行技术钻研。”童纪根总是这样不厌其烦地警醒水文的年轻人。因为在测站待了十来年，所以他对测站有着一种特别的感情，知道测站的苦与累，也知道只要肯沉下心，一定能够钻研得出技术，成为独当一面的水文人。为了给年轻人创造更多的学习机会，他总是充分倾听年轻人的诉求。经常“亲自挂帅上阵”给年轻干部讲课，传授经验。不仅如此，他还经常亲自准备课件到深夜，只为了能给市属学校里的学生们讲好公开课，为学生们讲解闽东水文化及水资源知识。

他是水文的“老顽童”。童纪根局长在私底下经常被称为“老顽童”，因为他亲近随和的态度很容易与干部职工打成一片。在宁德市直机关团体三项比赛中，童纪根局长作为队长创立了“童氏拔河法”。拔河过程中，面对公安局、学校等强劲对手，站在队伍首位的他拔得满脸通红也丝毫不松懈。虽然只获得了比赛二等奖，但是事后他依然为一比二差一点拔赢公安局而沾沾自喜。关于每年的工会春游秋游，他也是乐在其中，经常在食堂饭桌上跟干部职工探讨可以去哪里露营，去哪里野炊。偶尔饭桌上出现的一道腌笋，他也能自得其乐地跟干部职工分享他老家从挖笋、制笋到煮笋的过程，让水文真正成为一个大家庭，让水文人真正成为一家人。

习近平总书记说：“我们都是追梦人。”发挥好水文服务水资源管理、

童纪根在为宁德技师学院学生讲授公开课

水生态文明建设，建设现代化大水文，让水文拥有凝聚力、向心力，不断实现水文又好又快发展就是属于我们每个水文人的梦。而作为这个大家庭中的“家长”，童纪根局长一直用他的实际行动告诉闽东水文人什么叫真正的人民“勤务员”。那是作为一名普通公职人员所应具备的艰苦奋斗的精神，是一种攻坚克难的精神，更是一种不忘初心的情怀。

◇ 本文发表于2019年7月9日《中国水利报》

◇ 作者：刘敏

涂伟：白山之星

这里是阿克陶。

“阿克陶”系柯尔克孜语，意为“白色山”，因境内有慕士塔格峰、公格尔峰等雪山而得名。

远在祖国西部边陲，在莽莽天山南脉、巍巍昆仑北麓和帕米尔高原脚下的阿克陶县，属新疆维吾尔自治区克孜勒苏柯尔克孜自治州所辖，与我的家乡江西远隔万里。

指针显示北京时间上午 11 点半，减去东六区到东八区的时差，阿克陶的太阳正处于上午 9 点多钟的光景，冉冉上升，势头正劲。一路上，高鼻大眼的面孔、风格迥异的服装、音符般袅娜的文字……西域的风情景致一浪一浪地涌入感官里，犹如置身异国他乡。白杨最醒目，瘦削挺拔的身躯直耸云端，树梢的叶子被风吹得挺立，背面的绒毛飒飒反射着阳光，闪耀如半空中的星群。另一种陌生的植物则占据了低处的维度，蓬蓬的枝叶上绽着红花，如一团团红绿相间的毛线球匍匐在地面。同车的援疆干部涂伟告诉我们，那是红柳，独具耐旱、耐热、耐风蚀秉性，能够在荒漠盐碱地扎下根来。

令我意外又无比亲切的是，天边一样遥远的阿克陶县，江西符号无处不在。“天山雪松根连根，赣陶人民一家亲”“感谢江西省的无私援助”……类似的标语随处可见。县城最宽敞的主干路称作“江西大道”；布伦口乡的柯尔克孜族民俗文化村建了一座移民村叫“江西新村”；距阿克陶县水利局咫尺之遥的地方，有一座白山湖湿地公园。时值 2019 年 8 月，走进去但见园里满湖清嘉，荷香四溢，恍如步入了江南水乡的光风霁月。而那莲花，恰是由江西带来的莲子栽培而成。

“援助新疆就是建设江西，是新时代第一等的工作。”——受崇高的信念所驱使，自 1997 年以来，江西省连续选拔了 9 批 522 名援疆干部远赴阿克陶开疆拓土，到这里播种梦想，像莲花一样扎下根来，开出朵朵圣洁的花。

来自江西省水利厅直属单位江西水利职业学院的涂伟就是其中之一。2017 年 2 月 25 日，涂伟随第九批援疆干部一道，飞越千山万水，迎着帕米尔的晚霞，开启了三年的援疆之旅。

阿克陶真“阔气”啊！区区一县，土地面积竟有 24555 多平方公里。受高海拔地域影响，这片土地呈“7＋6”格局（7 个适宜灌溉的农区、6 个海拔 2000 米以上的牧区）。入疆后，涂伟负责的第一件工作是为布伦口乡苏巴什村 5 号台地牧草基地试种项目解决水源问题。从县城开车去一趟布伦口乡单程要 3 个多小时，沿着一条具有传奇色彩的路——中巴友谊公路，途中历览冰川高悬、峡谷冷峻、戈壁贫瘠……在静穆的慕士塔格峰下也有温润的草原，也能看到毡房点点、牛羊连片。

阿克陶显然又是“窘迫”的。不同于水系发达水量充沛的江西，这里的河流没有调蓄能力，水源以雪山融水为主，季节反差大，涝时泛滥成灾，旱时踪影全无。涂伟到苏巴什村为 5 号台地牧草试种项目查勘水源时，遇见牧羊的柯尔克孜族妇女手托水桶去接一点浑浊的裂隙水，看得他心里极不是滋味。

“登上海拔 3600 米的 5 号台地，看着荒凉凉的空阔，胸口有一点闷。于高海拔牧区柯尔克孜族同胞而言，牧草是生命线、脱贫线、幸福线。此刻，明白了牧区水利工作的重要意义，希望自己能为高海拔牧区少数民族群众解决好饮水安全和牧草灌溉做点实事……”“20 天内第 3 次登上布伦口乡 3600 米海拔的 5 号台地牧草试种项目现场。三天前上了打井设备，昨天下午 4 点得到喜讯，打井队于 45 米左右打到湿润沙层了。通过现场查看，有把握在 60 米左右打出水，牧草试种项目的水源问题基本可得到解决。”援疆日记里，质朴的话语记录了涂伟对西域民情的体察与悲悯。

2017 年 7 月 8 日，这是一个令涂伟难以忘怀的日子。一场融雪混合降雨的洪水侵袭库山河，洪峰流量达 200 立方米每秒，县城迎宾大桥段有长约 80 米的堤岸处于迎流顶冲的险境中。堤防外，大型灌区灌溉渠道近在咫尺，一旦出现决口，库山河沿线的加马铁力克、塔尔、皮拉勒 3 个乡约 5.5 万亩农作物将遭到洪水无情地吞噬。第一次直面高原雪山河流洪魔肆虐的涂伟，与加马铁力克乡人大主席艾买提江·艾依提一道在抗洪现场指挥 145 名维吾尔族党员群众抗洪抢险。5 小时的艰苦鏖战后，洪水冲击下堤身岌岌可危的险情终于排除。这一次的并肩联手，加固了堤防，也拉近了心的距离。基层乡村两级维吾尔族党员干部面对险情冲锋在前的先锋模范精神、维吾尔族群众服从指挥手运肩挑毫无怨言抗击洪魔的品格，化作了衣襟上党徽的光芒，在帕米尔高原圣山雄峰的映照下，在涂伟的心头熠熠生辉。阿克陶水利基础设施落后，县水利局的“家底”也捉襟见肘，31 名干部职工里真正水利科班出身的仅 4 人。而随着脱贫攻坚的战鼓声声擂响，阿克陶一时间迎来铺天盖地的水利资金投入。凭借多年来在江西水利掌握的先进工作理念、过硬的专业本领，涂伟展现了江西援疆干部的优良素质，成了单位的顶梁柱。他创新办法，针对项目多、技术人员少的实际，把 23 个中小型农村饮水安全和灌溉渠道项目打捆成两个大标，实行设计采购施工总承包的“EPC”模式来招标建设，开创了新疆首个中小型水利工程项目实施“EPC”模式。他殚精竭虑，调配整合技术人员队伍，建立“施工、监理、设计、质检、业主”五方例会制度，每周四晚雷打不动召开例会，一心抓好工程质量和进度。他和当地干部夙兴夜寐，宵衣旰食，几经苦战奋战，阿克陶县的水利建设开始稳步前进。

涂伟（左一）查看库山河中小河流工程现场（姜丽敏　摄）

三年时光所剩无几，西域的风霜将涂伟淘洗成黑瘦的模样，江西老表的身上也多了几分西部汉子的气性。如何来形容呢？最初接触援疆干部时，我以为“信念、梦想、奋斗、奉献”这些词汇足以概括这群人的特质，随着脚步逐渐深入他们的工作与生活当中，才知道，远远不够。

——他的内心也有柔肠百折的羁绊。经组织层层筛选、脱颖而出的涂伟，在入疆之前，并非全然没有挂虑。女儿那年上初三，中考已进入倒计时，正是需要家长关照的关键时期。涂伟接到通知那天回到家中，再三斟酌后小心翼翼告诉女儿：“宝宝，爸爸要去援疆了，三年。”女儿蓝月直直盯着他看了三秒，骤然蹦出一句：“老爸你不要我了。”涂伟瞬间泪目，不由与女儿抱头痛哭。第二天，他却收到女儿发来的信息：“爸爸，你去吧，我知道援疆是你的梦想，我支持你！”都说男儿有泪不轻弹，那一刻，涂伟感到自己的心窝又被戳了一下，不禁再次泪流满面。

到新疆后，想起家乡和亲人，涂伟在日记里写道：“而现在，乡愁是一张小小的机票，我在这头，老娘在那头。”

——他是一个视事业如生命的人。睡前对全天工作进行复盘是必做功课，再晚也不例外。2017 年 5 月 26 日凌晨 12 点 40 分，他在工作群里对库山河防洪工程一期项目四个标段的工作逐一进行点评：“最后一次强调，工程现场不戴安全帽的，项目办一律处以每人 500 元罚款。”“左岸挖基坑回填块石基础发现弄虚作假现象，设计方案里基础换填是平均 1 米深，希望你们（开挖）到位，而不是在淤泥上填一层薄薄的块石料，这种原则问题非常讨嫌。”“库山河工程是我援疆三年接手的第一个项目，由我全权负责，我明确告诉你们，这个项目我是要争创优质工程的……”

采访座谈会上，来自中国电建集团的项目总承包经理形容涂伟时说：“他可凶了，贼凶！”一席之隔的县水利局项目办主任吾斯曼江说一口蹩脚的普通话，极难听懂，有一句话却叫我心头一震：“他带来了很多新的东西，我们离不开他，阿克陶水利建设离不开他。”

——他其实是个贴心阳光的暖男。到巴仁乡克孜勒吾斯塘村走亲戚，图尔哈丽·萨吾提大妈一看涂伟带了客人来，笑容满面，不停地拿出馕、馓子、煮羊肉、鸡蛋和各式水果来招呼我们。尽管语言不通，亲昵之情却是肉眼可见。大妈的二女儿麦米古放假在家，姑娘毕业于石家庄市铁道大学，如今在阿勒泰火车站工作。为照顾妈妈，她想考回阿克陶工作，最好能当一名老师。为这事，涂伟正四处替她跑腿了解有关政策和信息。麦米古有个弟弟叫阿卜都萨塔尔，两年多来，涂伟常常和他谈心，鼓励他要考出新疆，去看看“口外”的世界。阿卜都萨塔尔很争气，如今已在四川上大学。大妈家的收入主要靠养羊和种点果树，涂伟看大妈不容易，总想着能多帮一点是一点，每次来探望除了带上米油牛奶，还八百一千地给大妈封红包，这次也是。大妈不会说普通话，推托之下急得涨红了脸。临别时，大妈追了出来，硬往涂伟手里塞了一箱自家的干果，那情形，与天下父母送别子女如出一辙。

深得援友信任的涂伟还当选了江西省对口支援新疆工作前方指挥部的工会副主席。这其实是个费力劳神的头衔。起草制度、保障福利、策划组织实施各类走访慰问活动，桩桩件件琐碎零乱，涂伟又拿出了一个大男人罕见的耐心细心。2018 年 9 月，“民族团结一家亲”晚会现场，援疆医生谌根香、谢金英化身热情的柯族女郎，地道的舞姿赢来阵阵掌声。学好一支民族舞蹈可不容易，需请柯族的舞蹈老师来指导排练，要提前介入的幕

涂伟（左一）探望亲戚图尔哈丽·萨吾提大妈一家（姜丽敏　摄）

后筹备工作一言难尽。对此，涂伟只淡淡一笑：援友们开心就好了。

——他对这土地的热爱日益深沉。涂伟在朋友圈里，对阿克陶的沙尘天气这样打趣道："沙尘，我只吸阿克陶的。相比于京沙的激烈、宁沙的阴冷、陕沙的温热，我更喜欢阿克陶沙的醇厚。霾是北京的厚，沙是阿克陶的醇！"遇到天气格外晴好的日子，涂伟又会忙里偷闲拍上两张雪山之巅清晰可见的照片，再配发上一两句文字："有一种蓝，叫阿克陶蓝，它蓝得波澜壮阔，蓝得境界高远。"

…………

在白山湖公园中心，有一座塔状地标建筑，上面刻着"白山之星"四个大字，灯光映衬下光彩夺目。一群轮廓分明的小朋友在我身旁走过，大声地读了起来，语调里带着维吾尔族口音天生的上扬。

"来，请跟我再读一遍：bái——shān——zhī——xīng。"

小朋友们于是又一次大声朗读："白——山——之——星！"

闪耀在阿克陶这座美丽白山上空的星星是什么呢？是一千年前的英雄玛纳斯？是天山上的圣洁雪莲？是三千年不死不倒不朽的胡杨树？是红柳抑或白杨？或许都是。在我心里，答案已无须求证。多年以后，眼前的簇簇笑脸和他们的父母亲人不会忘了，还有一群从南方飞越万里而来的"江西星座"，曾经为白色山带来了希望和光。

◇ 本文发表于2019年12月17日《中国水利报》
◇ 作者：姜丽敏

王常义：情系大藤峡

“终于盼来了这一天！东北院几代人的梦想实现了！”看着大藤峡水利枢纽工程首台机组正式发电，项目总工程师王常义热泪盈眶，心潮澎湃……

20多年来，王常义对大藤峡倾注了大量的精力和心血，见证着大藤峡项目的一步步“成长”，尤其在此次新冠疫情严峻形势下，工程实现了通航、发电节点目标，他一直悬着的心终于可以稍微放松一下了。

逆行大藤峡

回想2020年年初爆发的新型冠状病毒疫情对工程造成的极大困扰，王常义仍历历在目：春节过后大批的武汉工作人员不能及时复工、工程建设所需物资生产调配受限、部分现场验收工作无法进行、蓄水和通航验收会不能召开……工程“2月完成蓄水、3月通航、4月发电”的目标不能更改，按原计划进行。

每一个工程节点都不能耽误，否则后续工程进度没办法保证不说，随之而来的是工程各环节的调整和变更，作为项目设计总工程师，王常义对这一点再清楚不过。

“这么多年，为了工作我从来都是无条件支持，这次顶着疫情咱能不能别去工地了？”爱人一脸担心地问他。“不行，得去。”对待工作，王常义从来都是这么坚决，他知道工地现在需要他，他更知道，大藤峡的时间耽误不起，那里有他割舍不下的牵挂。

大藤峡工程凝聚着东北院几代人的心血，1994年开始参与大藤峡设计时，王常义就对她寄予了美好憧憬，后来工程几经搁置，相关工作也被暂停。2009年，王常义正在云南龙江电站工地出差，突然接到公司领导电话：“你离广西大藤峡工地近，去那参加个项目建设审查会，听听就行。”就是这一句“听听就行”，从此就与大藤峡工程结下了不解之缘。

2009年至今，大藤峡项目经历项目建议书、可研、初设、技施阶段。十余年间里，王常义在项目设计、审核把关、汇报验收等各环节，无不亲力亲为。2015年项目开工以来，他每年到大藤峡出差时间都得200天左右，为了大藤峡，他减少了对家人的陪伴，错过了老母亲的临终告别，相比之下，大藤峡和家庭的角色发生了转换，大藤峡倒更像是他的家。

就这样，2020年3月11日，做好自身防护准备，几经辗转，王常义到达了大藤峡工地现场。

战疫情、保通航

到达工地后，王常义发现大藤峡现场状况比他预想的还要差。3月初，正是全国上下开展抗疫阻击战的关键时期，项目复工率不高，人手紧张。按照疫情防控要求，不能聚集开会，减少面对面交流，王常义就通过手机与设计人员沟通、解决问题，不能在办公室内集中开会，就将会场移到室外，保持安全距离召开，遇到阴雨连绵，大家就每人撑着一把伞将碰头会开完……这种场景已成为疫情防控时期的工作常态。在做好技术工作的同时，他还进行设计人员心理疏导，缓解大家压力。3月份一切工作都要以通航为重心。

设计报告审核和现场技术问题处理叠加在一起，工作量极大，王常义经常工作到深夜，每天只能睡三四个小时。同志们不忍心他太劳累，他却说：“我们挺一挺，大家都辛苦！等通航发电顺利进行就好了。”

大藤峡船闸是目前国内最大单级船闸，拥有世界最高的人字闸门、底枢装置和摇摆式液压启闭机等，下闸首人字门配套的底枢蘑菇头直径1.2m，是三峡闸门蘑菇头直径的1.2倍，尺寸远超现有标准要求。当初闸门底枢蘑菇头生产过程中，合作厂家几次生产出的产品不满足要求，厂家几次建议参照三峡工程降低蘑菇头材质更改设计。王常义顶着压力，组织团队反复测算，用数据说服业主，坚持设计方案不变，“我们不仅要做精品工程，我们更要做安全的工程”，就这样在他的坚持下，建设单位重新寻找国内生产商，合格的底枢蘑菇头终于亮相了。

为了做好船闸设计工作，王常义组织公司设计科研人员，与国内知名科研机构合作，围绕超高水头船闸输水系统、船闸超大金属结构设备、泄水闸弧门超大推力闸墩等四大关键技术共进行了30余项子课题试验研究，每项课题都进行充分的论证，并带领设计团队多次进入三峡船闸现场调研，确保大藤峡工程设计万无一失。

在王常义率领下，设计人员与参建各方反复沟通、讨论，编制了详细的船闸调试指导性文件，副设总陆阳、常万军在现场负责调试，有问题随时联络。试通航前一天，王常义与陆阳更是彻夜无眠，交流技术问题直至天明……

2020 年 3 月 31 日，大藤峡船闸按期顺利实现通航目标！这是西江航运史上新的里程碑！将为珠江—西江经济带建设和广西全面对接粤港澳大湾区提供重要战略支撑！

王常义活跃在施工一线

担使命，促发电

船闸试通航后，大藤峡设代工作重心转移到首台机组发电上。

大藤峡水利工程被喻为珠江上的“三峡工程”，工程建成后每年为广西电网输送 60.55 亿度电能的清洁能源。工程采用的轴流式机组单机容量世界最大，水轮机设计制造难度系数居国内同类机组前列，首创的锚索与钢梁连接型式填补了大推力预应力闸墩施工技术空白。

眼看着这些精品设计就要在这片充满传奇色彩的峡谷中熠熠生辉，疫情似乎故意给工程泼了盆“冷水”，施工单位复工人数不足、机电设备厂家供货不及时、主机设备厂家技术人员不能按时进场、现场鉴定验收工作滞后……站在雄伟的坝上，眺望浩渺的江水，工程建设以来一幕幕的“劫难”映入王常义眼帘。

2015 年两次超标洪水淹没了子围堰基坑，若不能在 2016 年汛前完成围堰施工，工程工期将会延后一年。他当时积极参与抢险，优化围堰方案，倒排工期，加大施工投入，按期实现了一期截流。

2017 年汛期，大藤峡先后遭遇了三次大洪水、两次大暴雨、一次强台风的袭击。作为设计代表，他冒着生命危险，亲临一线，完善排水设施，强化度汛安全措施，保证了防汛和生产两不误。

2016 年年底，由于施工准备不足，受寒潮影响，泄水闸部分新浇混凝土出现早期温度裂缝；船闸闸室灰岩基础溶蚀强烈，基坑与周边大范围存在地下水通道，导致基坑涌水严重等，这些技术难题经过及时跟踪研判都陆续得到了解决。

可是眼下的疫情，各方人员流动受限直接影响工程进度等问题，一度让这个项目总工程师愁眉不展。工程建设初期那么艰难的时刻都挺过来了，王常义坚信“只要思想不滑坡，办法总比困难多”。先从找自身“短板”抓起，再加强工程进度、质量的“监管”。

增派设计人手，局部调整可行性施工顺序，设计人员驻厂催货，先视频汇报验收，再组织专家现场鉴定……

发电前夕，8 号发电机组调试过程中出现“空载加导叶开度时，桨叶不动、不能实现升负荷功能”。这可是个“大事儿”。王常义连夜组织驻守现场的机电专业设计人员分析查找原因，与业主、厂家代表、安装调试及监理人员召开现场会议，研究确定人工调节桨叶转角，优化和完善当前水头下的协联关系，最终成功解决了问题。

2020 年 4 月 30 日，大藤峡首台机组发电。标志着世界单机容量最大的立式轴流转桨式水轮发电机组正式投入商业运行。

王常义在设备安装现场

在致电中水东北公司的感谢信中，大藤峡公司这样写道：“时代画卷，在砥砺前行中铺展；精彩华章，在不懈奋斗中书写。贵公司团结奋进，迎难而上，面临疫情防控与复工复产的双重考验，公司坚强领导，设计处有力部署，严控质量，保障了工程建设进度。”

也许，这是对公司大藤峡设计团队辛苦付出的最好表达。

疫情远没有结束，抗疫和生产同步进行。

工程左岸通航和首台机组发电只是“中场”，下一步工作重点是右岸工程建设。

为了高质量、高标准完成余下的工程建设任务，王常义组织公司各专业设计部门多次召开交流研讨会，他提出：

“我们要总结左岸工程设计经验教训，提升设计技术水平，在右岸工程建设中规避问题风险，真正打造出精品工程。”

“通过这个工程建设，我们要培养一大批专业设计人才。”

……

2020 年 5 月 14 日，刚回到家没几天的王常义又接到了新任务，再次踏上了大藤峡的征程……

◇ 本文发表于 2020 年第 3 期《中国水文化》

◇ 作者：郑茂盛、雷秀玲、张凌、王悦

王飞：守！

一到永修，水利局的韩峥副局长就告诉我，若要写我们一线水利人的抗洪故事，一定要写一个人，他叫王飞，今天刚好在县里，我现在就叫他来。电话拨通没说两句，韩峥的语调就高起来："不是叫你去陪一天老爷子，你又跑去堤上干什么！"

于是，我们急速去圩堤上寻王飞。

驶离主道，两侧的树、田、塘退后。"劝折返点"鲜红的字牌立在通向大堤的必经路口。我知道，这意味着越往前去，越危险。车越驶越远，人迹越来越少。偶有三两负物携禽的身影与我们相逆而行，行色匆匆朝县城去。

王飞（右二）指导抢险（熊军　摄）

雨水虽已稍歇，但水位仍居高不下，经桥近堤，已能看到高涨的修河水，原属于河滩的那一部分早已没入水下，水面上离圩堤数米外冒出的一簇簇的高低树顶，标注出了原有的岸线。

雷声在云中隐隐闷炸，烈烈的河风抽打着堤上的红旗"呼呼"作响。高桥圩堤脚的泥水里，一群正在处理泡泉的人中，就有王飞。

等了半晌，险情处理完毕后，王飞同我站到了堤边。身材单薄的他因为晒得黝黑而显得更瘦，他告诉我，七月来暴雨不断。修河的最高水位飙到了 23.63 米，超警戒水位 3.63 米。

一米、一米、又一米，修河水涨得人心里直发慌。组织人员对被连日雨浇、水泡、浪冲重重侵袭的圩堤巡查险情不算太难，但发现险情后如何正确及时地处理不易。

2020 年 7 月 6 日，永修县水利局紧急抽调出 14 名水利技术骨干，分派到分片乡镇各个堤段进行防洪抢险技术指导，没日没夜地守着堤，王飞就是其中之一。

从那天起，他每天最少都守在圩堤上十多个小时。黏土戗台封堵、堤内围井导渗……一处处渗水被标记，一个个泡泉被处理……一次又一次的大小险情苗头被他和水利局的同事们领着大伙儿浇熄。

但熟悉他的同事们都知道，比起守堤抢险中的雨淋日晒、蚊叮虫咬、缺觉少眠种种苦楚，有一种更大的痛苦正折磨着他。

“听说，您的父亲正在住院?”我问，可刚问完就后悔了。这个在大堤上苦苦熬守了多少日夜都没叫过一声苦的黑瘦汉子眼眸里的光，迅速暗了下去。像是被一根最尖锐的刺扎中了最柔软处，他把唇用力地抿到了牙间，头侧向另一边，腮边抽搐了数计，还是没忍住涨出眼眶的泪。

王飞泪洒大堤（秦璐　摄）

“对不起，我们不说这个了。”歉意满满的我想转开话题。可他咬紧牙关，把泪抹进肘弯。缓缓向我道来。

防汛前，他久病的老父亲就已住院，曾陪着父亲四处求医的王飞记得医生们对他说的那些话：“主动脉瓣硬化，多器官衰竭”“老人年纪太大，身体虚弱，已经不适合开胸手术”“有空就多陪陪你父亲吧”……他清楚地知道，身体每况愈下已靠呼吸机支撑着的父亲真的可能撑不了多久了。

一边是垂危的老父一道又一道的病危通知，一边是一轮又一轮的生猛汛情。打小孝顺的他也很想放下手中的工作回家再陪陪父亲，可防汛的重任在肩，哪怕老父亲痛苦的喘息、艰难的呻吟在脑海一遍遍回响，他还是义无反顾地又扑在圩堤上继续奋战。偶有点滴休息时间，匆匆赶去医院看看父亲，又匆匆奔回圩堤。韩峥略带嗔责地说他：“是你值班你在堤上，不是你值班你也在堤上，你是魂丢在了堤上了。”

这一道让王飞魂牵梦萦的长堤，一侧是满眼青绿繁茂的稻秧，是错落散布的村庄，是村中闲步的鸡鸭，恬淡安详，另一侧是浩浩荡荡的浊浪，汹涌浑黄。

他看看堤内，又看看堤外，说：“圩堤下村子里的老弱病残为避险已经转移了。”沉默了一会儿又说：“我也是本地人，守住堤也是帮老乡们守住了家。”

我想起，来时在劝折返点，也听到值守的工作人员苦口婆心地劝一些想回家看看的老人们：“再等等，再等等，现在水还没退，有危险，莫要回去，圩堤上的人，在帮你们守着家。”

忽然，我又重新认识了“守”这个字，有片瓦遮头，有寸土容身。

守，为这简单至极的愿望，守，为这质朴醇厚的情感。守，每一苗稻秧，每一只鸡仔。守，一针一线、一庐一舍。守太平，守安乐，用一份赤子般的红热初心，用一种坚定决绝的姿势，守江湖安澜，护山河无恙。

守到大水过后，再把它们完完整整、妥妥帖帖地交回给乡亲父老！

◇ 本文发表于2020年7月25日学习强国管网

◇ 作者：秦璐

王雷：奋战三十年，为让京城百姓喝上南水

“水碱少了，口感好了。”说到喝上南水的感受时，不少北京人都会用这句话来形容。2014 年，南水一路奔流，蜿蜒 1276 公里，来为北京“解渴”，此后这 5 年多，南水北调中线工程年均为北京送水达 10 亿立方米，70%用于居民生活用水，超过 1200 万人口直接受益。“让百姓喝上高品质的放心水，是我们的责任与使命。”北京市水利规划设计研究院副总工程师王雷从 1991 年起，便参与了南水北调中线工程的设计工作，若要讲述南水进京的故事，他无疑是很有发言权的。

“南水北调是我们国家的百年工程，1952 年，毛泽东同志提出了‘南方水多，北方水少，如有可能，借点水来也是可以的’这一伟大构想，历经 50 年科学论证和 50 多个方案的比选，直到 2002 年确定最终方案，这中间凝聚着一代又一代水利人的心血。”王雷说，南水北调工程启动后，他的工作重心便全部转移到了这上边，初期任务重、压力大，彻夜加班成了家常便饭，在无数个挑灯夜战的日子里，他和同事们一起攻克了一个又一个我国水利史乃至世界水利史上的工程技术难题。多年后回忆起那段时光，王雷用了“光荣”和“幸运”两个词来形容，他说，能亲身参与到南水北调这样的世界级工程中，深感光荣。唯有用不懈的奋斗，才对得起肩负的使命。

南水从丹江口出发，进京之路长达一千多公里，在这过程中，如何确保水质不受污染，成为所有人最关心的问题。王雷介绍说，为保障进京南水水质，工程设置了“入京、入城、入厂”三道防线。一旦发生水污染突发事故，能够及时预警和处理，确保水源安全。

“南水北调中线工程还在干线沿线两岸划定了水源保护区，包括一级水源保护区和二级水源保护区，在保护区内进行干线生态带建设，同时，工程沿线还建成了水质监测站、自动监测站等，实时加强水质监测。”王雷告诉记者，在严密的监测和保护下，5 年多来，丹江口水库和中线干线

供水水质一直稳定在Ⅱ类标准及以上。

南水进京后，北京的人均水资源量由 100 立方米提高到 150 立方米，到 2035 年时，更有望提高到约 220 立方米。通过这组数字不难看出，南水为北京市民真正解了渴，但同时，北京依然是一座缺水的城市。曾经，为了保障社会和居民生活的正常运行，在严峻的供水压力下，北京在 1999 年之后 8 年间，每年都超采地下水，直到南水进京后，水资源严重短缺的困局才得以缓解，地下水水位明显回升，有效促进了水源地的涵养修复。

王雷（右二）在北京市南水北调配套工程河西支线现场

根据《北京城市总体规划（2016 年—2035 年）》，北京将增强水资源战略储备，保障首都供水安全，用足南水北调中线，开辟东线，打通西部应急通道，加强北部水源保护，形成外调水和本地水、地表水和地下水联合调度的多水源供水格局。

王雷兴奋地对午报记者介绍，目前南水进京配套工程——大兴支线、河西支线、亦庄调节池扩容、团九二期等项目的建设工作已经全面开展，正在抓紧施工阶段，配套工程将提高北京城市副中心、新机场以及房山、大兴、门头沟等新城的供水保障能力，届时将有更多人喝上南水。

◇ 本文发表于 2020 年 6 月 6 日《劳动午报》
◇ 作者：张晶

王学良：助人为乐的好人

2020年注定是不平凡的一年，当人们沉浸在辞旧迎新的喜悦中时，新型冠状病毒引起的肺炎疫情愈演愈烈。抗击疫情进入最吃劲的关键时刻，"社区吹哨、党员报到"，广大党员干部积极响应号召，下沉社区，投身疫情防控保卫战。

主动请战　勇于担当　前往一线

王学良，是一名有着31年党龄的老党员，也是一名退伍军人，他性格温和，爽朗幽默，是同事眼中无所不能的老大哥。2020年2月16日，接到天津市委组织部通知，排管中心组织部连夜发出通知，要求党员自愿报名下沉支援社区防疫工作，王学良知道后没有丝毫犹豫，主动请缨，第一时间把自己名字报了上去，成为第一批下沉人员。路不险则无以知马之良，任不重则无以知人之德，王学良说："我们党员就是要在困难时期挺身而出，在危急时刻冲锋在前，绝不能退缩"，用实际行动践行"若有战、召必回、战必胜"的铮铮誓言。

融入社区　履职尽责　共同战"疫"

疫情就是命令，王学良深知社区是外防输入、内防扩散最有效的防线，守住基层社区的阵地非常重要。穿上红马甲、戴上红袖章，他迅速转变角色定位，在东丽区新城社区党组织统一指挥调度下，认真履行新的职责使命。其实社区工作人员对他并不陌生，早在社区开展防疫工作初期，他就自愿成为了一名志愿者，工作之余主动前去帮忙向居民发放预防措施等宣传材料，提高居民警惕意识，提升自我防护能力，如今正式上岗，已经是一名"老人儿"了。新城社区是自建小区，常住居民8000余人，人口结构复杂、流动性大，近期又面临返乡返工高潮，社区疫情监控点值守压力比较大。王学良作为新城社区市派干部中年龄最大的党员，自 2 月 18 日报到之日起，每天总是早早地到达工作岗位，测量体温、登记出入小区人员、办理社区居民出入证、排查“三返”人员，仔细询问，态度温和，耐心劝导小区居民少出门、不聚集，切实当好宣传员、劝导员和监督员。

王学良（前排左一）为进入社区的人员测量体温

“大爷，您忘戴口罩了”“大妈，您出入证带了吗”，每一句看似简单的话都透露着王学良充满爱的提醒与细心。执勤中，居民对他的工作不理解甚至不配合是常有的事，“我在这住了十几年了，凭什么不让我进!”一次执勤中，一名外来返津人员不愿进行登记甚至想要“闯卡”进入小区，“小伙子，外来返津人员进入小区扫码登记测温，是国家的政策要求，受累配合一下。现在国家有难了，咱可不能给国家添乱啊，你着急回家的心情我能理解，但‘闯卡’的行为我得批评你，因为这点小事，再闹到派出所多不好啊。”通过王学良耐心的解释，不停地安抚，小伙子配合了工作，这次矛盾也得以化解。王学良每天超过 7 个小时站在小区大门口的值守点，连续二十多天没有休息过，他说他现在最重要的责任就是当好百姓家门口疫情防控的“守门员”，筑牢社区第一防线。

不辞辛苦　统筹兼顾　往返于工作单位与值守社区

他平时工作繁杂琐碎，尤其是在疫情防控时期，单位的大事小情离不开他，为了更好地协调单位工作和社区防控工作，值守期间王学良选择“下基层、不脱岗”。与新城社区书记协调后，他选择每天下午两点到晚上九点到社区执勤，上午继续到单位工作，每天这样坚持，他已经连轴转了 28 天。王学良平时血压高，每天还要定时服药，一天下来满负荷的工作让他感到十分疲惫，但是第二天他又以饱满的热情投入工作，干劲儿丝毫不输年轻人，他把“排水铁军”的精神带到了防疫一线，给身为预备党员，在新城社区工作的儿子做足了榜样。

◇ 本文发表于 2020 年 7 月 27 日天津文明网

◇ 作者：朱晓晶

翁永红：价值在工程中得到升华

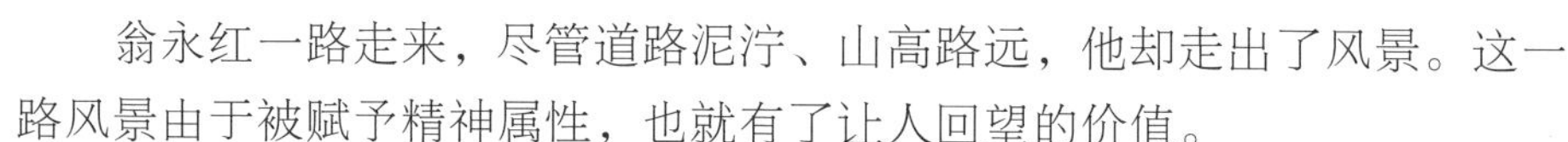

翁永红一路走来，尽管道路泥泞、山高路远，他却走出了风景。这一路风景由于被赋予精神属性，也就有了让人回望的价值。

功崇惟志，业广惟勤。翁永红的成长历程印证了中外思想格言。用通俗地话说，就是成功的基础是“奋斗”，奋斗的收获就是成功。

事业为他铺设了舞台

先看看他的简历和业绩吧!

翁永红37岁已是教授级高级工程师，38岁任长江勘测规划设计研究院副总工程师，2011年兼任国家大坝安全工程技术研究中心副主任。

翁永红

他已在水利水电工程设计研究岗位上摸爬滚打了33年，刻下年轮，结出果实。

他作为主要技术负责人，主持或参与了乌东德水电站、三峡工程、三峡地下电站等7项大型工程设计。

作为主要完成人与技术负责人参与的项目，获国家科技进步奖特等奖1项、二等奖1项、国家设计银奖1项；获省部级科技进步奖特等奖2项、一等奖4项、“四优”设计一等奖5项。

他参与建设的三峡工程获国家科技进步奖特等奖、菲迪克百年重大土木工程项目杰出奖，三峡地下电站获得“水力发电科学技术奖特等奖”，乌东德水电站大坝设计组被全国总工会授予“全国工人先锋号”。

他主持了十多项国家科技攻关课题和国家重点工程专项科研。与此同时，翁永红还有发明专利 8 项、实用新型专利 12 项，均已应用，创造了显著的经济、社会和生态效益。

他主编著作 4 部，主编行业标准 3 部。

他还荣获得湖北五一劳动奖章、湖北省有突出贡献的中青年专家、“第十一届中国 IPMP 国际项目经理大奖”十名优秀国际项目经理等。

这些业绩成果只能用“炫目”二字来形容

翁永红反复强调要多宣传下同事们，这些都是和同志们一起干的。但在奖项中，他作为技术负责人和主要参与者，功不可没。

翁永红是湖北咸宁人。当年高考时，物理是考生最头痛的科目，60 分及格线是绝大多数考生难以逾越的鸿沟，他的成绩是 90 分，是其学校乃至全县的最高分。他成为恢复高考后第一个被分配到长江委的天津大学毕业生。

1986 年，翁永红到长江委施工设计处混凝土室工作。混凝土室是一个有着 30 多人的大科室，是一个实践性非常强的单位。他参加工作后首先到了清江梯级开发工程——隔河岩工程工地。修建隔河岩工程，练出了“蛟龙”、训出了“猛虎”，如原长江委总工、中国工程院院士郑守仁都是当时的建设者。与他们一起共事，翁永红是幸运的。

1987 年 1 月至 1990 年 5 月，翁永红从隔河岩水利枢纽前期最早施工的左岸上坝公路开始，长期工作在现场一线。1988 年 5 月，作为专业负责人主持完成了隔河岩水电站施工组织设计，采用高低两层辐射式缆机布置设计，提出切实可行的温度控制及接缝灌浆等解决方案。作为专业负责人，主持完成了隔河岩水电站“二・二”发电方案研究，为工程提前发电提供了充分的技术支撑。

三峡工程为他插上腾飞的翅膀

由于在隔河岩工程中表现突出，从 1990 年 5 月开始，翁永红被列入三峡工程设计当中，从此成为全职三峡工程设计人。

翁永红在 2002 年以前作为三峡工程设计专业负责人，主持大体积混凝土快速施工关键技术研究，提出浇筑层中埋设软水管冷却成套技术和大坝采用 2.0～3.0 米高浇筑层方案；提出高性能混凝土设计、个性化通水、高浇筑层、适时适地保温全过程的温控防裂新理念，右岸大坝浇筑 396.5 万立方米混凝土未发现裂缝，创造了当今混凝土重力坝筑坝史上的奇迹。

三峡大坝混凝土浇筑实时动态仿真技术，是翁永红的又一贡献。三峡大坝混凝土浇筑量为 2800 万立方米，当属世界之最。大坝混凝土浇筑仿真技术，就是利用计算机构造出大坝模型，通过数值计算，提前对混凝土浇筑进行现场逼真的动态模仿，推算出各阶段的混凝土浇筑进度，为工程设计和施工管理提供依据。翁永红从参加三峡建设起就开始关注和研究这项技术，在和同志们的共同努力下，最终研制成功。

五级船闸修好后，按常规应等水库蓄水后自然进水进行调试。可这得要等江水涨上来，大大滞后通航时间。翁永红又开始动脑筋了，长江水就在船闸外，用抽水设备将它抽到船闸里不就得了，于是他提出双线五级船闸抽水调试新方案。2003 年 6 月 10 日，三峡蓄水至初期运行水位 135 米，几天以后中央电视台就能直播三峡船闸试航，这是一个由被动变主动的方案。

翁永红（左一）在导流洞

2002 年后，他作为技术负责人，参与主持三期导截流和碾压混凝土围堰设计，提出右岸大坝快速施工和机组加快装机方案，右岸 12 台机组提前 14 个月投产，增加发电量 309.02 亿千瓦时。

作为技术负责人之一，翁永红和同事们共同研究提出坝后厂房预留“大二期机坑”、右岸大坝快速施工及右岸电站加快装机方案，右岸机组投产时间提前 14 个月，按右岸 12 台机组的实际发电量计算，增加发电量 309.02 亿千瓦时，增加发电收入 77.255 亿元。

在水电天地展翅腾飞

翁永红从参加三峡工程开始，一路健步如飞地走来。1998 年，组织上让他出任长江设计院施工设计处副总工程师；2002 年，出任长江设计院副总工程师；2003 年，出任乌东德水电站总工程师；2011 年，出任国家大坝安全工程技术研究中心副主任（兼）。

翁永红身上的担子更重了，又重点主持了十多个工程项目。这些工程中，让翁永红感到压力最大的是修建乌东德水电站。

乌东德水电站是金沙江下游的第一个梯级电站，装机容量近葛洲坝电站的 3 倍。

在 2003 年预可行性研究阶段，翁永红就开始担任乌东德水电站勘察设计总工程师、项目副经理，2011 年起兼任设计代表处处长，主持项目预可行性研究、可行性研究、招标、施工详图的全过程勘察设计工作，高峰期每年现场设计时间超过 160 天。

翁永红在这座工程中技术方面的贡献有目共睹。他带领团队，攻克了复杂地形地质条件下建设巨型水电站和特高拱坝的一系列技术难题：主持完成了“静力设计、动力调整”新方法设计拱坝体形、“上部封闭自排、下部透水”新型水垫塘等十余项首创或行业领先的核心技术；提出将导流隧洞改建成“洞塞消能、弧门控制”的生态供水洞和“运行期不抽排、检修期少抽排”的二道坝两项新技术，共节省工程投资 1.319 亿元，等等。经过几大工程尤其是三峡工程的磨炼，翁永红成功地挑起了这副重担，而且赢得了诸多荣誉。

体现了工程师的人文情怀

2008 年 5 月 12 日发生的汶川地震距今已过去十多年了，但翁永红和他团队的事迹依然令人记忆犹新。

2008 年 5 月 15 日，翁永红作为水利部汶川抗震救灾第五工作组副组长，接到水利部指令后立即前往四川灾区广元市。他们在工作现场，经历两次 6.0 级以上余震，特别是 5 月 25 日青川 6.4 级最大余震，震中距广元市仅 50 公里，震感非常强烈。5 月 16 日至 28 日，他带领专家团队核查了广元市 64 座和巴中市 6 座高危水库，及时提出了震损水库紧急处理意见。第五工作组被水利部评为抗震救灾先进集体，翁永红被授予“全国水利抗震救灾先进个人”称号。

事后，他感慨道：“那段时间，我们经常是早七点晚八点的现场工作，然后是内业工作。土石坝专业不是我的强项，我更多的是依靠我们的团队，我们经受了业务、思想、身体水平三方面的考验。我有一个医生亲戚在成都参与救灾，进行伤病员救治工作，但他却对我儿子说：‘你爸才是厉害，我抢救也就是几个人，他搞病险库排查，抢救的是一批人。’”

2008年，因乌东德设计工作与攀枝花市结缘，翁永红被请去研究建水库解决城市供水问题。根据实际情况，他认为攀枝花市人口众多，水库难以从根本解决问题，并创造性地提出了《观音岩水电站坝前引水解决攀枝花城市居民生活用水方案研究报告》，得到了攀枝花市政府的高度重视并采纳。

水利工程师的作品——混凝土大坝是坚硬的，可他们对人民、对自然关怀的心是柔软的。从三峡工程设计开始，工程技术人员更加重视在枢纽布置时保护好鱼类资源，翁永红在主持设计乌东德水电站时也不例外。

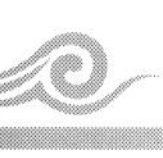

针对乌东德江段鱼类资源、生态习性、坝下流场开展了细致研究，翁永红创新性提出利用水电站发电尾水进行集鱼的高坝过鱼新方案。该创新方案已通过生态环境部环境工程评估中心审查，目前工程已进入现场实施阶段。

翁永红（前排左一）介绍乌东德枢纽和施工总体布置

把握住现在，可活出生命最好的模样。翁永红庆幸自己对工程师这个职业的选择，他也以一个工程师的作为，在祖国大地上留下了印记！

◇ 本文发表于2020年1月22日长江水利网

◇ 作者：刘军

吴志广：带领团队加速重启

2020年5月6日早上8点，吴志广走进久违的办公室，第一时间拨通了项目技术负责人许继军的电话，敲定项目启动会相关事宜。和过去105天经历的“生死时速”相比，这个国家重点研发项目进度延迟所产生的“慢性”焦灼更让他坐立难安。

吴志广牵挂的这个国家重点研发项目，是“长江水资源开发保护战略及关键技术研究”，2019年12月31号才获得批复。在新冠肺炎疫情发生后，项目面临着严峻的考验：10个项目参与单位中有6个在国内疫情最严重的武汉，原定于3月中旬召开的项目启动会被迫延期。

吴志广正在汇报工作

“我们都在跟疫情抢时间，在‘漫长’的隔离和居家办公时期，团队坚持推进大部分工作，为全面复工后立即着手启动会打下了坚实的基础。”作为项目首席科学家，吴志广说。

“怀胎十月”的国家重点研发项目

从2019年1月准备材料到2019年10月10号答辩，其间的过程，项目组成员王永强至今仍历历在目。他说：“当时压力太大了！”

“其他几家单位实力也非常强，但项目本身的重大意义及长江水利委员会的职责定位要求我们必须承担起这个责任，如果失去这个机会，那就是辜负了长江委的嘱托。必须拿下！”吴志广说。

为了“必须拿下”，项目组成员记不清那10个月里错过多少饭点，熬了多少通宵。通过项目预申报的第一轮竞争后，项目组的工作氛围如同武汉的天气一样变得“热浪滚滚”。许继军索性带着项目组成员王永强、袁喆、陈述申请集中办公，这样既可以兼顾单位的紧急工作，又节省时间成本。吴志广作为长江科学院的党委书记，不管忙到多晚，每天都会到项目组了解筹备进度，和大家一起讨论问题并给出指导意见。武汉长江二桥桥头不足400米的柏油路上，炎炎烈日下，急风暴雨中，深沉夜色里，吴志广冷静思索、快步独行。王永强说：“吴书记是可以要求我们去他办公室汇报的，但他从没这样做过，每次过来都是一身汗。到了最紧张的时候，他干脆跟我们住在一起熬通宵。”

几百页的项目申报材料，在专家咨询环节就经过了3次院内专家咨询、3次委专家咨询和3次院士咨询，每一次咨询后都是一次项目申报材料的反复打磨修改。每次收集修改意见后，吴志广都会召集大家深入讨论，给出指导性意见，再由大家分头执笔修改。5个人分工协作，全套申报材料就这样一宿一宿地“熬”出来了。

项目主要申请者王永强、袁喆和陈述对这10个月的奋战有着一份浪漫的初心：“虽然我们曾多次参加长江源综合科学考察，但对长江却没有全面的认识，这次我们申请的项目正是对整个流域层面的战略性研究，希望能依托项目沿长江从头到尾走一遭，这也是我们这样一代青年水利人的长江情怀。”

2019年12月31日，项目批复通知下达，吴志广和大家开玩笑说：“10个月了，我们终于可以睡个好觉了。”

然而，与简单休整后立即展开项目研究的预想大大相左的是，新冠肺炎疫情来了。

隔离病房里的首席科学家和他的科研团队

2020年3月初，得知吴志广确诊感染新冠肺炎后，王永强非常震惊：“他2月1号就确诊了，却丝毫没有透露病情信息，其间他都是通过电话或微信给我们布置工作，很难想象他当时是怎样坚持工作的。”

1月31日，吴志广住进了长江医院的隔离病房。随着对门老夫妻相继感染离世、朋友感染变成重症的消息传来……59岁的吴志广经历了初期的恐慌和紧张，很快镇定下来。“刚开始多少是有一些恐惧心理的，但得益于自己平时注重锻炼身体，加上及时有效的治疗，我的病情很快有了好转，始终最担心的还是这个项目。”吴志广说。

2 月份是疫情高峰期，在这个陌生的病毒面前，谁也不能断言疫情会在什么时间结束。项目负责人不能更换，项目更拖不得。项目启动会能不能如期召开？前期准备做得怎么样了？项目能不能在“十四五”初期拿出成果？身处隔离病房的吴志广时刻牵挂着项目，他说：“无论如何，不能因为我个人的原因耽误了进度。”

为了保证充足的体力和营养，吴志广听从医生建议，每餐都坚持吃完“病号饭”。然而，关于多休息的建议吴志广却没有听，住院期间，他频繁联系许继军和王永强等人，在确认项目及课题组成员无虞后，定下 3 月 2 日召开一次项目预启动会的任务。

“刚开始大家都比较迷惘，后来吴书记和许所长给我们细化了任务，居家隔离时期过得更充实了。”委、院“双下沉”号召下达后，手上总共有十多个项目的王永强白天照料家里、参加华中科技大学网格化管理值守工作，晚上进行项目资料整理、论文撰写和预启动会的准备工作。“这种劲头一下子被提起来了，得知吴书记躺在病房里都没中断工作，回头想想，我做得还很不够。”王永强说。

2019 年得了一对双胞胎的袁喆，家里 3 个孩子、6 个大人住在一起，吃穿用样样都得操心。袁喆就在这样“热闹”的生活中，坚持跟进项目进度，还撰写投出了两篇 SCI 学术论文。“借着晚上熬夜加班，再给自己添一顿宵夜，一举两得。”袁喆开玩笑说。

疫情期间，项目组完成《新时期长江水资源开发保护思路与对策》等初期成果论文 6 篇，其中已录用 3 篇，在审 3 篇。项目组以此为依托申报“水利部‘十四五’水安全保障规划重大专题研究——长江大保护背景下长江经济带水安全保障战略重点研究”获批；申报长江水利委员会委级长江保护与发展战略研究中心，于 2020 年 6 月得到批复。

3 月 2 日，项目预启动会视频会议如期召开，项目、课题与专题负责人以及研究骨干共 40 余人参加了会议。5 个项目课题负责人分别详细介绍了各课题的研究内容、研究路线、实施方案和预期成果，定下了研究思路、任务分解、考核指标、进度要求。

“作为一名共产党员，身在重灾区的我曾设想了许多种参与抗击疫情的情景，可万万没想到，最终以一名新冠肺炎感染者的身份，以这样的方式，直接与新冠肺炎缠斗了三个星期！”吴志广 2 月 19 日出院后，在一篇日记中写道。

争分夺秒的新一轮重启

“五一”假期过后，长江科学院大院办公区一派忙碌的景象。

“这是‘十三五’最后一批项目，而且是对长江经济带生态文明建设进行总体设计，能早一点出成果就能早一点为国家战略提供指导性的意见，成效更显著。”在预启动会后，吴志广给项目组定下了将结项时间提前至2021年9月，也就是提前1年完成项目的任务。受疫情影响，要如期完成目标有巨大的压力；但有前面3个月的艰苦工作，大家有了加速推进项目的底气。

“最难的是体制机制研究，我们虽然是个科研单位，但提出的成果要有实践意义，就必须尽可能多地去协调各部门、各区域之间管理和体制机制上的矛盾，综合考虑各方面的利益诉求，最终再提出包括技术集成体系方面的合理建议，形成能够在长江水资源保护与开发战略实施过程中真正落地，且可复制可推广的研究成果，这是真正的难度。”吴志广说。

5月30日项目启动会之前，王永强和其他项目组成员要对5个课题中的每个专题进行总体确定，一个电话接一个电话地沟通制定切实可行的研究路径；一个接一个地联系邀请11位专家，征求细化工作目标的意见。“启动会后还有大量的工作要做，全流域的调研，大量的数据分析，进行模型预测……现在吴书记提出了提前1年结项的目标，我们需要将任务落实到单位、到人，压力是有，但我们有实力完成。”

“明年我就要退休了，在这样一个时间节点组织给了我这样重大的任务是对我极大的信任。作为一名长江委人，有责任有义务带着大家为国家提出一个具有前瞻性、科学性和系统性的长江水资源开发保护战略方案。”吴志广说。

疫情的阴霾终将散去，长江委大院外的武汉长江二桥上来往车辆川流不息，包括这样一个国家重点研发专项项目在内的各项工作，都在加速重启。

◇ 本文发表于2020年6月13日《中国水利报》
◇ 作者：雷蕾

肖智勇：有一种坚守叫执着

2017 年的 9 月，我和其他 64 名扶贫战友一起，带着孙志刚书记的殷殷嘱托，满怀激情地从省直机关投入如火如荼的脱贫攻坚一线。两年多来，在挑战深度贫困的路上，我深切地感受到了水对脱贫攻坚的重大意义，也深切地体会到了奋斗与奉献对于人生的意义。

榕江县地处长江流域和珠江流域分水岭地带，水资源虽然相对丰富，人均水资源约为全省的 2 倍，但水资源开发利用率还不到全省平均水平的一半。境内 98% 为山地，山高水低，沟壑纵横，水资源开发利用难度大，工程性缺水严重困扰着县域经济的发展，2017 年年底时贫困发生率高达 19%。

肖智勇（右二）带队调研小香鸡产业，帮助解决产业发展用水难题

苗山侗水，希望在山，潜力在水，榕江县的脱贫攻坚迫切需要念好山字经、做足水文章。到榕江县工作的头三个月，我跑遍了全县的 19 个乡镇调研，向县委、县政府交出了第一份调研报告——《守望绿水青山 实现绿色突围》，提出了以水土流失治理为抓手、向荒山荒坡要效益、以生态扶贫实现绿色发展的对策建议，并付诸实践。经过两年多的努力，全县

新增治理水土流失面积 107 平方公里，发展油茶、白茶等高效经济作物 2.28 万亩。平阳乡青钱柳水土保持示范项目的实施让当地贫困群众当年增收 100 余万元。项目验收时，合作社负责人陆林松高兴地说："水土保持项目让我们干成了多年来想干却没干成的产业!"

水利是脱贫攻坚的基础，让群众喝上安全的水，让山洪不再泛滥，让农田有水的浇灌，面对群众的殷切期盼，我深感责任重大。古州镇高懂村干旱严重，饮水安全没有保障；县城周边的蔬菜基地排涝不畅；塔石乡政府所在地的河段山洪频发……我和县水务局的同志们一起到实地勘查，争取项目资金逐一解决。平永镇中寨村是榕江县有名的中药材产业发展示范村，归叉溪穿寨而过，雨季岸崩水淹，旱季河床裸露。经过水利扶贫项目资金治理后，小溪的防洪标准提高到 5 年一遇，水清岸绿的生态景观与两岸村寨、药园相映成趣、相得益彰。寨子里村民们真切地感受到了河道治理给村容村貌带来翻天覆地的变化，幸福的感觉更强了，发展产业的信心更足了。

水利是产业扶贫的重要基础保障。随着脱贫大考期限的临近，去年下半年，榕江县瞄准了食用菌、小香鸡等一批"短平快"的扶贫项目，这些项目大都远离河谷，急需解决用水难题。我积极协调有关资金，和县水务局的同志们一起，落实水源，明确方案，组织实施，短短 5 个月时间里解决了 32 个村 3592 户贫困户食用菌生产、4 个合作社养鸡、3 个合作社养鱼等产业用水难题。

始终坚持当好"五大员"的挂职工作定位，两年多来，我努力当好扶贫政策的宣传员、水利扶贫的联络员、产业扶贫的战斗员、技术扶贫的服务员、企业扶贫的招商员，主抓的生猪产业、生态家禽产业成功实现了转型升级，榕江小香鸡远销上海、广州、杭州等大都市；引进的新型建材企业已经顺利投产，年产值达 8000 万元以上；我担任行政团长的榕江县"三农"专家服务团被评为全省优秀"三农"专家团队，我也先后被评为全县、全州、全省"脱贫攻坚优秀共产党员"。

到中流击水，浪遏飞舟。2019 年年底，榕江县贫困发生率已经降到了 3.52%，但还没有摘下贫困县的帽子。两年挂职期虽然已满，但我选择了继续留下。我知道，榕江的脱贫攻坚战已经到了攻坚拔寨的关键时刻，作为这场硬仗的见证者、参与者，我理应激流勇进，不获全胜决不收兵。

◇ 本文发表于 2020 年 5 月 3 日新华网

◇ 作者：肖智勇

徐永兵：莲花并蒂映民心

并蒂莲花。

指的是一茎产生两花，花各有蒂，蒂在花茎上连在一起，也称并头莲，是荷花中的珍品，其形成的几率仅约十万分之一。

在江西莲花县坊楼镇沿背村这块红色土地上，它诠释的是甘祖昌将军与龚全珍“老阿姨”两份不约而同的革命情怀，是历经战火硝烟而又洗净铅华颇具传奇色彩的伉俪情深。

今天，同样在这片红土地，我无意间发现了这个词语的另一个注解，巧合中却蕴含着某种道理，真正是无巧不成书。

这本书的主人翁，叫徐永兵。

一

徐永兵是我们江西省水文局党群办的主任，2018 年 10 月到莲花县坊楼镇沿背村扶贫任第一书记。

这次随江西水文化采编组来沿背村采访，一眼看见徐永兵，感觉明显瘦了不少，黑了很多。

座谈会上，永兵代表扶贫队谈及对扶贫工作的认识，心路历程的转变，工作取得的成绩与做法等，镇党委、村两委的同志给予了相当高的评价。镇里还推荐他为全县优秀第一书记（全镇仅一名），县优秀帮扶干部，这在当地帮扶的省直单位中也属头一遭。

“耳听为虚，眼见为实。”

我决定去村上贫困户家走走看看。

走了一会，看到一名农妇在家，我拿出贫困户名单上前询问。

妇人名叫刘才秀，家中丈夫在外务工，早出晚归。一对儿女在外读书，学费与生活费开支较大，生活较为拮据。

“我都不知道夸他什么好”谈起永兵，刘才秀笑开了花。

原来她身体不好，因为过去计划生育做了手术一直有后遗症，干不了重活，稍微干点活就会头晕眼花，要休息好久，等于这个家就失去了一个劳动力，压力全在丈夫身上。儿子李宇国读书勤奋，考上了共青城的大学，但从没出过门办过事的一家对如何送儿子开学报名等事完全没头绪。永兵了解到以后，不动声色地帮她小孩介绍暑期工。开学时，开私家车送她一家到共青城报名。

“我老公特别老实的人，平时话也不多，但有天他突然没头没脑说我们欠了徐书记好大的人情，比自家亲戚都要更好，不知道如何报答他。”她继续说道。

详细了解才知道永兵为了不使他们心里觉得亏欠和负担，说自己老家是共青城的，刚好回老家，家里老婆小孩都在那边等他，一举两得。其实那天是中秋节假期第二天，永兵的一对双胞胎女儿是在抚州的老家，他是从抚州特意赶过去的。

告别这户人家，我继续“按图索骥”寻访下一户。

走在乡村小道上，没多久就遇到了第二位受访贫困户——陈圣南，简单寒暄后她打开了话匣子。

其实过去她家还算是富裕，家里男人在外地煤矿打工，虽然辛苦但是收入也算不错。天有不测风云，丈夫突然被检查出患有这个行业较为普遍的矽肺病，巨额的医疗开销压得一家叫苦不迭。自己身体也一般，做不了重活，好在家中女儿争气，考取了教师，遗憾的是离家太远也无法照顾家中。家里包了一片油茶树林，谁知一场突发火灾全给烧没了……永兵多次上门了解到这个情况后，耐心向她普及扶贫政策，主动帮她争取扶贫补助，洽谈失火油茶林的补偿问题。最重要的是，永兵多次向县里相关领导汇报，终将其女调动至附近学校，完成了其心中最大的愿景。

“怎么说呢？我感觉徐书记就是特别好，没想到还真会帮我们解决问题，人家非亲非故完全可以不管这么多的”陈圣南话中充满着感激。

这样的故事还有很多。贫困户甘忠林家养殖牛羊，他帮助找专家解决技术上的困难，并积极帮助联系扶贫贷款解决资金问题；贫困户甘洋林家有几百斤农家茶籽油没有销路，他帮助联系朋友食堂，全部销售一空；贫困户甘泰来大病初愈，家中还有三个小孩抚养，为了解决他家困难，帮助甘泰来妻子在学校边租用一个店面开早餐店，并及时联系了银行一周内办好了扶贫贷款 5 万元，现在早餐店每月有 3000 元左右的收入；贫困户江春娥由于丈夫患大病刚去世，几度丧失生活信心，永兵为她落实了健康、低保等各项扶贫政策，还帮她申请了特殊救助5000元，使她树立了生活的信心……

徐永兵（右）上门了解贫困户情况

与这些贫困户交流，发觉他（她）们普遍知识水平不高，表达能力也有限，但往往最质朴的表述，却最能说明问题。

采访一圈，每个故事都触动着我的心，我想，也必然滋润着村子的家家户户。

二

“对徐书记，我应该是最有发言权的。”沿背村党总支副书记刘爱凤向我打开了话匣子。

“徐书记来了，最主要的是抓好了四件事。”

第一件，摸清情况。从到村报到那天起，徐书记就始终吃住在村，每天挨家挨户上门沟通，二周内就遍访了全村 91 户贫困户和 42 户低保户，日均步行 2 万余步，随便报一户都能知道他家的详细情况，用村里人话说就是效率太高了。

第二件，就是用心抓了村党组织建设。乡村要发展，领头雁很重要。他积极争取上级党委支持，调整配强了党总支一班人，并通过严肃党内政治生活，提升班子成员政治素养；另外，吸收村里的优秀年轻人加入党组织，储备村级后备干部。向省水利厅争取特殊党费 15 万元，开展了丰富的党员教育活动，同时，大力开展党建创新，推进省水利厅机关支部与村支部的共建，并以“党建＋脱贫攻坚”、“党建＋志愿服务”为抓手，将党建与重点工作高度融合。改变是显而易见的，“现在一开党员大会，真的好有气势，大家好有自豪感归属感”。

第三件，办实事。这儿的村民过去都喝压井水，但当地的地下水含钙量非常高，很多人因此都患上了结石。后来通过水利厅农饮工程建设，居民都用上了自来水，这一问题得到有效解决。但新的问题很快就冒了出来，即如何建立有效的长期运行管理机制。徐书记通过深入调研，对饮水工程进行了技术改造，仅电费每月就节省4000多元，足足节约了一半以上。

徐永兵（主席台右一）为贫困户开展农业技术培训

发展产业是脱贫的关键。徐书记与村两委一道，紧紧抓住甘祖昌干部学院获批成立的契机，做大做强本村的红色培训产业，增加了普通民宿近十户，同时村集体开发了三栋精品民宿，每年可为村集体增收十余万元；他还多方联系，邀请中国农科院、北京农林科学院、省农科院等单位知名专家到村内技术培训或指导产业发展，并多方争取资金近二百万元；同时，他还立足实际拓展绿色产业领域，今年通过开展养殖生态蛋鸡1500羽，特种红薯种植50亩，兴建大棚10亩发展观光休闲农业这三项新的尝试，为沿背村经济结构调整带来了勃勃生机。

第四件，推进乡风文明建设。在徐书记的积极推动下，村里成立了龚全珍志愿者协会和巾帼志愿者协会沿背分会，时常开展各种公益活动，结合节日开展相关关爱活动，举办村春节联欢晚会，从今年开始还进行“文明家庭”“身边好人”评选活动，现在村风民风明显向好向善。

三

该说说故事中最动人的部分了。

2018年10月9日，徐永兵正式担任莲花县沿背村第一书记，莲花离南昌四百公里，且山路崎岖，回家一次要倒四五次车，五六个小时。

偏在这时，他妻子查出怀孕，急需他的陪伴，但为了不负组织的重托，他耐心地做妻子的工作，善解人意的妻子最终理解了他，说她自己会好好照顾自己，让他安心前往扶贫。

永兵担心的事还是出现了。

2018年10月底开始的2个多月里，由于怀了双胞胎，加上高龄产妇的原因，徐永兵的妻子妊娠反应十分厉害。人头晕目眩，一个小时要吐好几次，胆汁都吐出来了，除了白稀饭什么都吃不下，吃了也马上吐，身体十分虚弱，连接打电话都不行，两个来月都只能躺病床上输液。高龄产妇存在的诸多危险性，特别又是双胞胎，让她十分需要丈夫的关心和照顾。而这段时期正值中央脱贫攻坚专项巡视，作为新上任第一书记必须要坚守岗位，徐永兵只得忍痛叫母亲从老家过来帮忙，自己一心扑在工作上。

虽然妻子说如果忙就不要回来，安心工作，但看着这样的情形，徐永兵母亲十分担心，多次叫他回来看看，甚至责怪他。想想饱受妊娠反应折磨之苦的妻子，寒冷的冬日里搀扶着妻子乘车前往医院、一晚要起十多次喂饭、倒垃圾、服侍的年老母亲，徐永兵的眼角湿润了。没过多久，母亲因为过于劳累也病倒了，为了不影响他的工作，母亲强忍着坚持下来，一直没有告诉徐永兵，后来还是儿子在电话中说奶奶也病了。每到晚上，徐永兵都要和母亲视频，了解情况，心里充满了牵挂和担心，整晚都失眠，但第二天他仍然精神抖擞出现在大家面前，从没和别人说起自己的困难，在村连续工作一个多月没有回家。

在怀孕中期，因为双胎，徐永兵妻子睡眠质量十分不好，腰酸背痛。特别是做孕检时行动十分不方便，但因为莲花县脱贫摘帽退出评估，各项工作异常繁忙的原因，他只陪同检查了两次，连医生都说，你这个情况，老公怎么都不陪着，说得妻子心里十分伤心。

2019 年 4 月 20 日早上，妻子起床时碰到柜子动了胎气，羊水破裂紧急入院，打电话给徐永兵，可这时，与上级联合开展支部共建活动，需要他在场组织，他只得电话叫妹妹妹夫先帮忙送去医院，他下午三点忙完后才急忙赶去医院，到医院时已经是晚上七点多，妻子都已经进入产房。23 时许，两个女儿出生，但因为早产两个多月和前期营养不足，体重只有 3.1 斤和 3.3 斤，在早产儿高危门诊住院一个多月才出院。看着刚出生的两个女儿，徐永兵充满着怜惜与愧疚，也许自己好好照顾，她们可以不这么早出生的。

4 月 23 日，妻子仍在医院住院，徐永兵接镇里主要领导电话，说上级重要检查组来村，想请他克服困难，回村开展工作。徐永兵二话没说，于当天晚上赶回村里。

6 月底，考虑工作忙难以照顾家里，徐永兵只得将两个女儿送回抚州老家，由父母照顾，虽然心中有千万个不舍，但是也只能如此。而由于早产的原因，两个女儿时常出现不吃奶、经常啼哭等现象，让年老的父母疲惫不堪……

在当地，流传着这样一种说法："心地善良的好人会在这片土地上得到庇佑，会保佑他心想事成"。

永兵初来不久时，就有贫困老人说："徐书记这么好的人，没说的，你老婆肯定怀着并蒂莲花！"没承想，真的一语中的。世事也确是因果循环，妙不可言。

徐永兵（左一）深夜为贫困户运送红薯苗

并蒂莲花，多么美好的祝愿。

人道山中岁月长，却不知也有人觉得时间远不够用。永兵起初也担心到农村日子会过得很慢，还准备好好看几本书，喂饱精神食粮，谁知这一沉下心来干，才发现事永远也做不完。

自己也很难说清，这般拼命付出究竟是为了什么。为了贫困户脱贫致富？为了村子发展后继有力？为了不负上级党委的期望？

也许都不是，或许都有。

"大概是为了回报乡亲们美好的祝愿吧……"永兵喃喃自语，一脸情深。

◇ 本文发表于 2020 年 5 月 14 日《中国水利报》

◇ 作者：占雷龙

颜斌：子承父业无悔 奉献为民无怨

2015 年 12 月 15 日，毕节双山新区与贵州省毕节经济开发区进行两区整合，更名为毕节市金海湖新区，辖梨树镇、岔河镇、双山镇、小坝镇、响水乡、竹园乡、文阁乡、金海湖办事处及青龙街道办事处共 9 个乡镇（街道）94 个行政村（社区）。

“双山店子生的恶，只准洗脸不准洗脚；背煤爬小关，挑水落脚河……”

几句民谣，印证了 70 年代的双山镇吃水之艰难。

“之所以选择以水为业，受父亲的影响很大，父亲在毛栗水库工作了 11 年，我从小在毛栗水库边上长大，见证了父亲对水利事业的执着，披星戴月、早出晚归。”

金海湖新区农村工作委员会水务股颜斌出生于一个水利世家，父亲生前是一名曾在水利战线上奋斗多年的老水利。如今，颜斌也迎来了从事水利生涯的第 26 个年头。

1990 年，初中毕业的颜斌，放弃高中学业，就读毕节地区水电技校，从此，与水利工作结下了不解之缘。毕业后选择在大方县双山镇水利站工作，成为基层水利战线的一名水利人，为了全面了解双山镇群众的生产生活用水情况，颜斌走遍了双山镇的 15 个村 121 个村民组，参与实施了双山镇农业综合开发项目水浇地工程、渴望工程、烟水工程、农村饮水安全工程等水利项目，91.25 平方公里的土地上留下了颜斌忙碌的足迹。

参加工作以来，颜斌一心扑在工作岗位上，“以中心代业务”的工作方法，以诚恳工作的态度，赢得了干部群众的赞誉，连续五年被双山镇党委政府评为“先进工作者”“优秀共产党员”等荣誉称号。同事们都称呼他为双山镇的“水头”。

2018 年，大方县发出了坚决打赢脱贫攻坚战的冲锋号令，全面补齐脱贫攻坚“两不愁、三保障”饮水安全短板，让群众喝上安全、稳定、放心的水。颜斌带领各村村干部深入调查，走村入户，对全镇的饮水安全进行全排全查，拟定了双山镇脱贫攻坚供水保障方案，探索水利工程的建后管护，宣传水是商品，要节约用水，以水养水的政策，彻底改变群众“吃白水”的落后观念。经过不懈努力，如期完成剩余12351人农村人口饮水安全问题（其中贫困户人口3705人、非贫困人口8646人），全镇实现农村自来水全覆盖，全面达到脱贫攻坚“11235”安全饮水的标准，顺利通过国家第三方评估，实现了脱贫摘帽。

“以前我只是负责一个乡镇，现在是一个县，工作量比以前增加了差不多十倍，但是我不后悔。”“作为一名共产党员，只要组织需要，群众需要，就得义无反顾。”

2019年6月，金海湖新区农委水务股由于人员调动，仅有6名同志负责水务工作。经过新区管委会的研究决定，借用颜斌到金海湖新区农委水务股负责水务工作。

面对挚爱的水利工作，颜斌充满了激情。面对贫困群众，颜斌满怀着感情。面对妻子儿子，颜斌心存愧疚。

“老颜，工作不要那么拼，家里有我”“爸爸，您要多注意身体”……

妻子的支持，面临高考的儿子的关心，成了颜斌在脱贫攻坚安全饮水一线埋头苦干的精神动力。

“你要好好学习，我继承了你爷爷的事业，以后你也要继承我的事业。”在电话里，颜斌向儿子叮嘱道。

2020年，面对新型冠状病毒肺炎疫情，贵州省吹响脱贫攻坚农村安全饮水挂牌督战集结号，全面打响农村安全饮水问题歼灭战。按照“六见”要求，全力推动安全饮水大排查，是水利人面临的首要政治任务。

颜斌带领各乡镇核查员完成了全区脱贫攻坚饮水安全11906户贫困户入户核查审核工作，督促完成了省脱贫攻坚挂牌督战第七工作组督战的2项21个问题整改。

“今年，是我国消除绝对贫困，实现全面小康的决胜年，是我们对全世界的郑重宣告，是对广大人民群众的庄严承诺，作为水务工作者，保证群众喝上稳定水、干净水、放心水，这是水利人的头等大事，我将用实际行动展现新时代水利人的使命和担当。”颜斌自豪地说道。

◇ 本文发表于2020年5月8日新华网

◇ 作者：胡荣华

杨爱明：空间筑梦人

2020 年 1 月 17 日，住房和城乡建设部公布了第九批全国工程勘察设计大师名单，长江勘测规划设计研究院的杨爱明位列其中。这是对他长期从事治江事业，为水利水电建设提供测绘服务，为推动水利水电测绘技术进步所作巨大贡献的肯定。

市场，筑梦之基

2004 年本是一个普通年景，但对长江水利委员会的几家测量单位来说却是“死里逃生”的一年。长江设计院正在事改企，要将长期在计划经济条件下生存的几家测量单位整合成为一个新的测绘专业公司。刚改制出来的这几家测绘单位，可以说既没市场，也没设备。要将几家测绘单位从困境中带出来，应该向哪里突破？长江设计院以及新公司的领导层都在思考这个方向性的大问题。

思路决定出路。组建新公司，顶层设计要先行。作为新公司的牵头人，杨爱明认为，尽管是从计划经济走向市场经济，也要牢记初心使命，要始终面向长江流域这个大尺度空间，面向水利水电市场，继续当好我国水利水电事业中的测绘信息服务“国家队”。

当好“国家队”，技术创新是关键。杨爱明认为，空间信息技术对未来测量发展方向有重要影响，这是一门可能高速发展的技术，不仅可以大大提升测绘服务能力，它的应用甚至可能会走入平常百姓家。把握空间信息技术的发展脉搏，开发面向工程实际的测绘信息技术产品，是走向市场的必由之路。2005 年 11 月，“长江空间信息技术工程有限公司（武汉）”完成注册。在全国同行业率先把传统测量单位超前定位为“空间信息技术公司”，这在当时整个测绘行业不景气的大背景下，可以说是一鸣惊人。即便现在来看，这个名称都紧贴技术和时代的发展前沿。

公司成立后，杨爱明提出“高新测绘、安全监测、信息技术”三个方向为公司的生存之本、发展之要，以前瞻的理念为空间公司可持续发展确立了总基调。

通过杨爱明和团队的不懈努力，公司年产值从2004年成立之初不足3000万元，增长到2018年超3亿元，人均产值从不足8万元增长到145万元。公司形成了遥感数字技术应用与开发、工程安全监测、高新技术测绘、地图制印、地理信息技术应用与开发的现代综合测绘体系，综合实力位于全国同行业前列。2011年，杨爱明获湖北省五一劳动奖状；2012年，公司获“国家高新技术企业”称号；2014年，公司被评为中国地理信息产业百强企业，位居全国水利水电系统及湖北省地理信息行业第一位。

创新，逐梦之源

技术的发展，奠定了长江设计院空间信息技术公司在市场上的地位。公司承担了多个巨型水利水电工程的测绘与安全监测工程，在这些工程中，存在大量的超规范、超量程、超大规模带来的技术难题。结合巨型工程的技术需求，杨爱明带领团队开展了一系列技术创新工作，为世界巨型水利水电工程测绘信息服务和安全监测提供了中国经验和中国方案。

南水北调中线工程，是世界上最大规模调水工程。在1400多公里长的条带范围内有约1800座建筑物，要把这些建筑物准确地定位在中国大地上，并让丹江水自流至北京，是杨爱明带领的团队要解决的重大技术问题。为此，他对传统工程测量的理论与方法在长距离输水工程方面做了延伸。南水北调工程要穿越300多公里长的膨胀土渠道，某种意义上讲，控制膨胀土的变形是关系到南水北调中线工程能否长期稳定运行的大问题，而国内外还没有成熟的膨胀土安全监测技术。填补技术空白，确保工程按进度推进，成了摆在杨爱明面前的一件紧迫的事情。

为此，杨爱明日夜奔波在工地，组织技术人员持续攻关，直到一个个技术难题被攻克，取得了多项专利，成果获全国优秀工程勘察设计金奖和中国大坝工程学会技术发明一等奖。

三峡工程，大国重器，如何开启安全监测工作，诊断工程健康状态是重大工程难题。杨爱明开创性地建立了工程安全监测管理模式，与团队一起，突破性地搭建了巨型水电站最大规模的高精度变形监测网和立体监测系统。首次提出基于遥感解译技术的精准移民实物指标调查技术，完成了国内库岸线最长界桩测设，有力支撑了“百万移民安置工程”，并获得了3项省部级优秀勘察设计金奖。

杨爱明相继主持了我国第二至第六大巨型水电站工程的大量安全监测工作，完善了巨型水电站的安全监测技术体系，并首次实现了“互联网+监测自动化”，提出了一整套巨型工程安全监测的工艺和方法。成果获全国优秀工程勘察设计金奖1项，省部级优秀勘察设计金奖3项，为巨型水电站工程建设提供了宝贵样本。

杨爱明还主持开展了滇中引水、长江堤防、长江蓄滞洪区等多个专项测量，涉及水利水电各类工程测量，且在国内均为大规模的重大专项。

一系列巨型水利水电工程的测量服务对他的团队来说，既“拧”得起，又“玩”得转；既攻克了巨型工程的测量技术难题，又填补了巨型水利水电工程测量方面的理论与方法空白。不仅为空间公司积累了巨型工程测量的经验，也为公司赢得了市场口碑。

跨界，圆梦之魂

带领团队在攻克了一个又一个巨型水利水电工程及流域管理中的关键测量技术的同时，杨爱明还在思考另外一个问题：如何提高地理信息在全流域、全生命周期管理中的服务能力？

于是，他“盯”上了地理信息系统（GIS），并引进了国外先进的GIS软件，高起点发力打造水利水电三维地理信息平台。但随着工作的推进，国外GIS系统的开放性不够，一些专业性较强的应用无法开发等问题逐步显现出来。而且，GIS系统管理的高精度地理信息和大量企业专业数据，都是国家和企业的秘密。长远来看，完全依赖国外产品是有风险的。

开发遇到了天花板，如何跨越？

不畏浮云遮望眼，只缘身在最高层。杨爱明大胆地提出了一个当时在人们看来是天方夜谭的想法，完全依靠自己的力量，从底层开始研发水利水电三维地理信息平台。

开发这样的平台，一般需要一个庞大的IT团队，长江空间信息技术工程有限公司能行吗？

行还是不行，不试哪行！

带着这样的疑问出发，公司成立了专门的研发中心，并以公司为依托，组建了湖北省水利信息感知与大数据工程技术研究中心。

功夫不负有心人。经过多年持续研发，一个名为“3DGIS-Ark 方舟”的水利水电站三维地理信息平台初长成。这个平台解决了 GIS 与 BIM 的融合、地形模型与专业模型融合、平台与多专业融合、三维模型智能编辑、可视化增强表达等一系列技术问题。这个平台既响应了水利水电大量应用场景，又可延伸到市政交通、环境保护、城市管理、国土资源等众多领域。

“方舟”平台的推出，在行业里形成了不小的震动。流域管理部门、城市规划部门、大型企业集团等都对其表现出了浓厚的兴趣。

随着“方舟”平台应用的不断深入，为了成体系地服务好各行各业，杨爱明又进一步地提出了“GIS＋”战略。在这个战略的指导下，在方舟平台的基础上，以长江委各专业为依托，开发了满足流域管理、企业发展、工程建设要求的一系列组件，先后形成了防洪电子沙盘、水政执法系统、工程安全监测系统、数字小浪底、智能楼宇管理、地下管网系统等应用产品。

创新无止境。聚焦三维地理信息平台技术，杨爱明带领团队开始谋划使方舟平台智慧化：从打造孪生流域、数字流域，到打造智慧流域、价值流域，逐步从信息细化向智慧化进发；从平台入手，打破各专业之间的信息壁垒，为各专业、各部门提供统一的、可视的、智慧的工作平台。

以平台为依托，全面提升平台所需要的基础信息的感知能力，也成了这一阶段视线范围内必须要做的事情。于是杨爱明又紧盯天空地一体化遥感监测、以物联网为基础的状态智慧监控、大数据网络爬取等信息感知技术，以期形成信息智能化感知、可视化呈现、智慧化处理、大数据挖掘的全链条技术与市场链。

水利水电测绘单位通过自主研发平台，将新一代信息技术与水利水电行业跨界融合，使得研发平台的应用场景更接地气，解决了一系列行业信息化过程中的痛点与难点问题。一个传统的测绘单位也由此华丽转身，成为信息技术公司。

杨爱明从事工程勘察工作 36 年，先后荣获长江委重大成就奖、长江委奉献治江工作突出贡献先进个人等荣誉。2012 年，他当选为水利部“5151 人才工程”专家。

致力于水利水电工程测量事业，在信息技术空间鹰击长空，是杨爱明毕生的追求。面向未来，他站在新的高度，带领空间信息技术公司，紧跟5G、AI、AR 等前沿技术的发展，制定了新的信息技术发展蓝图，志在信息技术空间展翅飞翔、鹏程万里！这真是：石重难压笋尖破，山高无碍鲲鹏展。凌霜傲雪寒冬过，不负使命亦豪杰。

◇ 本文发表于2020年1月22日长江水利网

◇ 作者：李广彦

杨传武：全心献水利 笃志写人生

在冬日凌晨的沂河边，你总能看到这样一个身影，他披着单袄蜷缩在河对岸的树林里，炯炯有神的双眼时刻关注着非法盗采分子的动静……

在防汛防灾的“战场”上，你还能看到这样一个身影，他带领一线人员匆忙穿梭于一个又一个险情现场，高大的身躯在风浪中饱受冲击……

在午夜办公楼的角落里，你又能看见这样一个身影，刚刚结束一天忙碌的他来不及休息，桌上一本本水法书籍满布认真的笔记……

他，是耄耋老人的儿子，是一位缉毒女警的丈夫，是两个年幼孩子的父亲，更是一名扎根基层二十年的水利人。他，就是沂河局兰山管理所所长，杨传武。

子承父业志笃行

二十年前，刚退伍的杨传武带着青春的无限激情，满怀着对水利事业的真诚，坚定地踏上了基层水利管理工作岗位。殊不知，当时有条件更为优厚的工作单位向他伸出橄榄枝，但“水利世家”“军人世家”长期沉淀的良好家风让他毅然选择了水利之路。他知道，惟其艰难，才更显勇毅；惟其笃行，才弥足珍贵。

杨传武的爷爷不仅是一名“老水利”，还是一位老红军，参加过淮海战役、孟良崮战役等著名战役，转业后就任苍山县水利局第一任局长。杨传武的伯父、父亲也都是军人出身，转业后双双投身水利事业，父亲三十年如一日扎根在沂沭河局下属郯城管理局苍山管理所，是水利系统公认的优秀所长。在水利家风的传承和军人品格的熏陶下，杨传武从小耳濡目染，对水利事业产生了浓厚的兴趣。长大成人后便立志要子承父业，继续传承“奉献水利、追梦水利”的精神。

党的事业、根基在基层，活力也在基层。自 2001 年参加工作以来，杨传武二十年如一日扎根在基层岗位，先后担任沂河局水政股副股长、沂水管理所所长、沂南管理所所长、兰山管理所兼祊河管理所所长，现任兰山管理所所长。他任劳任怨，默默奉献，带领沂水管理所获得“新建山西中西部铁路通道跨越沂河工程”建设项目管理先进集体，带领沂南管理所获得沂南县文明单位、沂南县2015年度服务科学发展观先进单位，2011—2017年连续六年被沂河局评为先进工作者，曾先后获得沂沭河水利管理局“优秀共产党员”、沂沭泗局水利管理先进个人、沂沭泗局“春雷2011”严打整治河道违法采砂专项行动先进个人、“临沂市劳动模范”等荣誉称号。2020年1月被授予临沂市首届“最美应急人”荣誉称号，同年4月被授予“山东省五一劳动奖章”。

杨传武荣获“山东省五一劳动奖章”

平凡岗位显非凡

2012年冬，接连两场大雪后的临沂天凝地闭。某铁路通道跨沂河工程经淮委批复后开工建设，但建设方迟迟未按淮委许可要求办理开工相关手续，拒不与沂河管理局沟通协调，干扰执法。杨传武带领执法队员们在在河道里搭了一个简易帐篷，支了两个铁架床，24小时全天候值守。刺骨的北风在枯槁的树枝间呜呜作响，执法人员冻伤了、感冒了，却没有一个人叫苦退缩。其间，杨传武多次带领执法人员冒着高空坠落的危险攀爬到桥顶制止违法施工，恶劣的工作条件使他留下了至今难以治愈的偏头疼和右侧肢体麻木疼痛的后遗症。通过近两个月的不懈坚守，建设方最终被杨传武的工作精神折服，依法依规履行了相关手续。事后，该项目负责人专程从北京飞往临沂看望杨传武，对他坚忍不拔的拼搏精神和清正廉洁的工作作风赞赏不已。

工作中，杨传武靠的不仅是身上那股子顽强劲儿，更有执法办案的冷静头脑和专业素养。兰山、费县管理所辖区内沂河、祊河段涉河建设项目多，打击盗采任务量大。身兼兰山、祊河两个管理所所长的杨传武深知身上的担子有多重。2018 年 1 月，兰山区白沙埠镇盗采举报频发，在多次打击收效甚微的情况下，杨传武决定创新执法模式，与兰山区特警大队联合执法。大约蹲守到凌晨三时许，南北相距不远的两处盗采点几乎同时开始盗采，杨传武果断联系特警大队共同出击，兵分两路，紧密配合，将盗采现场团团围住。本次联合执法成效显著，看着盗采分子受到法律的严惩，杨传武眼含热泪，“这一天来得真不容易!”

“祊河角沂站流量已达 2000 立方米每秒! 祊河角沂站流量已达 3500 立方米每秒!”2019 年 8 月 11 日，台风“利奇马”逼近，杨传武昼夜蹲守在工地，时刻关注涉河在建工程现场动态。雨势在增大，水位在上涨，淹没了料场，淹没了下穿通道，面对险情，杨传武全然不顾自身安危，在冰冷的河水中指挥人员撤离、机械转移。他突然一个踉跄，一颗模板上的钢钉深深扎入了他的脚板，鲜血渗透了他的运动鞋……12 日凌晨，某桥上游多艘游船和码头漂浮物被冲入桥底，随时危及大桥安全，刚从一处涉河建设项目回家不足一小时的杨传武拖着疲惫的身躯带领全所职工再一次赶赴现场紧急作业。杨传武冒着生命危险近距离指挥吊车驾驶员实施作业，吊车无法作业的地方，他就带领同志们一起用手拉、肩抗。在风雨中奋战十二个小时以后，险情终于解除，杨传武却匆匆离去，事后才知道，他家中五岁的孩子正发着高烧，哭喊着找爸爸……

杨传武依法制止违法建筑现场

挑最重的担子，啃最硬的骨头。对杨传武而言，雪夜在树林中蹲守到凌晨三点已是家常便饭，外出执法连续十几个小时不喝水不吃饭也早就习惯。但十几年的超负荷工作，铁人也是扛不住的。2017 年，费县某处砂场关停工作完成后，连续 22 个昼夜几乎没有休息的杨传武累倒了。医生在责备中为他切除了扁桃体和阑尾，同时做了心脏造影手术，他至今还留有偏头疼和高血压等难以治愈的病灶。面对病弱的身体，杨传武笑道：“这副皮囊跟着我真的很委屈，真不知道下次要切除的是什么!”

铁汉柔情暖人心

工作再忙，杨传武都有一件雷打不变的事情要做，那就是每个周六都会去一个很远的地方为母亲买上一份石磨煎饼，他知道那是母亲最爱吃的，所以谨记在心。但是，因为工作，杨传武亏欠家人的远不是一份石磨煎饼能够弥补的。

因基层管理所工作多、人员少、战线长，杨传武几乎一个月甚至更久才能回家一次，父母妻儿都无暇照顾。妻子从怀孕到分娩他都没能在身边陪伴，年迈的老母亲在家突然摔倒昏迷也是靠邻居的帮助才脱离生命危险。一年春节，正当杨传武准备休整一下极其疲惫的身躯时，母亲的一句话深深地刺痛了这个铁一样男人的心，母亲看着电视喃喃地说：“传武，你说西湖是个什么样子？”平时的工作让杨传武割舍了太多的亲情，心怀愧疚的他当天下午就冒着大雨驱车七个小时，让母亲圆了一个对普通人家来说极其简单的梦。母亲知足地笑了，回来后重感冒的杨传武也笑了，但这笑声里饱含的酸楚只有他自己知道。

“我面对自己家人的时候感觉特别内疚，我亏欠家人的太多，但家人非常地理解我，知道人民群众更需要我。如果生命能再重来一次，我还会义无反顾地选择水利事业，因为我热爱它！”在临沂市最美应急人的颁奖晚会上，杨传武这样说。

生活中，杨传武更是个“热心肠”。面对瘫痪在床、几度想要轻生的

杨传武（前排左二）收到沿河群众自发送来的锦旗

高中同学，杨传武挤出本来就不多的休息时间，陪他聊天鼓励他活下去，带他各地求医问药，手把手帮助他做康复训练；面对与自己并肩战斗多年的已故同事，杨传武每年都会前去祭拜；面对单位年龄偏大的老同志，杨传武处处关心体贴；对待新入职的大学生，杨传武言传身教、以身作则。

杨传武的朋友圈里有这样一句话——“在伟大的水利事业中，做不了大海的滚滚波涛，就做一股山涧的潺潺溪流；做不了峰顶的参天大树，就做一棵河边的小草吧。”不待扬鞭自奋蹄，平凡岗位显非凡，杨传武正和千千万万的基层水利人一样，虽然平凡，但不平庸，虽然渺小，但却能闪出耀眼的光芒！

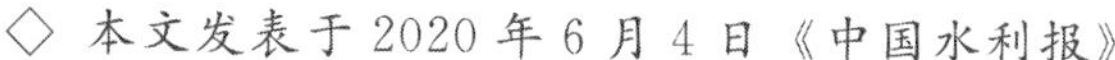

◇ 本文发表于2020年6月4日《中国水利报》

◇ 作者：史秀东、魏伟、刘博、赵媛媛

叶奎成：巧思创新 进无止境

人生能有几个三十年？江苏省泗阳闸站管理所抽水站的叶奎成，把人生最美好的时光奉献给水利事业，用实际行动谱写出一曲感人肺腑的动人乐章。

勤学苦练 创造多项新技术

1990 年 1 月，叶奎成进入江苏省泗阳闸站管理所抽水站当了一名泵站运行工。上班后的两年间，他利用业余时间自学完机电排灌专业三年大专课程，并考取大专文凭。每次机组大修，他总是冲在前面，干最苦、最重、最脏的活。

大修调整机组同心摆度要深入到水下部分操作，水下作业湿度寒气大，叶奎成了尽快掌握机组大修核心技术，每次大修抽水机组调整同心摆度别人干一小时必须换岗，而他一干就是五六个小时，调整结束后他汗流浃背、腰酸背痛、腿麻很久才能行走。他的突出表现和显著成绩，赢得了大家高度评价。

一分耕耘，一分收获。2001 年，叶奎成在层层选拔考试中脱颖而出、代表省骆运水利工程管理处在全省泵站运行工技术比赛中力挫群雄，获得“江苏省技术能手”称号，令人刮目相看。紧接着，他又晋升为泵站运行工技师并被破格提拔为泗阳第二抽水站站长。

上任后的叶奎成先后对抽水站进行 16 项技术改造，其中泗阳第二抽水站技术供水系统改造项目获国家发明专利证书，此项目推广应用到大中型抽水机组后，极大地提高抽水机组技术供水安全性、可靠性、经济性，也为抽水站安全运行无事故奠定了基础。

叶奎成联系实际工作，在国内多家权威杂志上发表多篇技术论文，推广应用到大中型抽水站后均收到良好效果。叶奎成凭勤学苦练先后被江苏省水利厅列入第一届、第二届“111 高技能人才培养对象”，荣获“江苏省优秀水利工匠”“全国水利技术能手”等称号。2001年以来他带出 10 多名高级工和技师。2018 年他被江苏省水利厅选拔为全省泵站运行工、闸门运行工技师考核评委，成为江苏水利系统的技术领军人物。

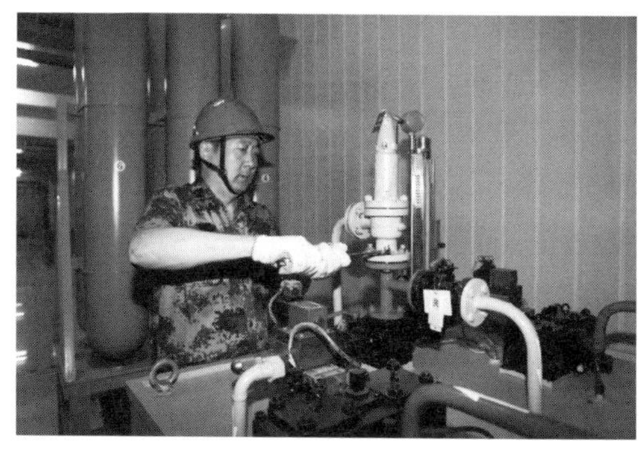

叶奎成检修叶调机构油压装置

（徐进　摄）

知难而上　关键之时显身手

随着南水北调东线工程沿线地区用水量增大，2011 年国家决定拆除30 多前建设的原泗阳第一抽水站，投资 3.2 亿元另建泗阳抽水站。上级下达土建完工 3 个月内要完成 6 台套大型抽水机组设备的安装任务，并委任叶奎成为新建泗阳抽水站站长兼安装队队长。面对时间紧、任务重、人员少的困难，叶奎成二话没说，挑起重担，以“咬定任务不放松”的韧劲，“不完成任务誓不休”的拼劲，带领安装队职工奋战在工地每个角落。

叶奎成正在维护通用桥式起重机

（徐进　摄）

为了抢工期，他放弃节假双休日，每天第一个上班最后一个下班，经常加班加点至深夜。2012 年元宵节傍晚下班时，他检查到一名工人线路接错，如当夜不改正则第二天无法开展工作，工期紧迫，他挑灯夜战，终于在第二天凌晨 5 点多整改结束。早晨 8 点，上班的工人看到睡着在椅子上身穿工作服的站长无不为之动容，都劝他回家休息，但他仍坚持带领大家干到中午。

火车跑得快、全靠车头带。叶奎成带领 20 多名职工提前一周完成 6 台套大型抽水机组安装任务，并一次通过验收投入运行，实现当年安装当年抽水。总抽水能力比老站提高 50%，开机运行 8 年已向京杭运河泗阳抽水站上游补水 87 亿多立方米，利用泄洪发电 750 万千瓦时，2013 年他被评为“江苏省南水北调工程建设管理先进工作者”。

率先垂范　奉献水利诚可贵

水管单位体制改革，把叶奎成所在单位列入差额拨款事业单位。泗阳闸站管理所凭借着技术优势，不断承接到省内外抽水机组修理业务。

2017 年 7 月，单位接到山东南水北调台儿庄 2 台机组大修和技术供水轴瓦冷却器改造项目。合同签订后，组建施工队困难重重，叶奎成克服了上有年老多病父亲需要照顾，下有高考女儿需要陪护困难，响应领导号召，率先垂范带领职工奔赴山东台儿庄。施工中叶奎成手部受伤，因高温伤口感染，他没耽误工作，坚持下班后治疗，忍着疼痛带领大家在合同规定的时间保质保量完成承接的大修工程，受到委托方赞扬。

在事业上，叶奎成是成功的，但对家人却亏欠很多。2019 年国庆假期，他正在江苏省丹阳市九曲河枢纽管理处带领几名工人对机组进行大修，攻坚克难阶段，83 岁老父亲病重住院，家人打电话说住院父亲盼儿心切！然而在父亲和工作都需要他的时候，叶奎成选择了工作，直至大修结束他才回到父亲身边。

技术高超的叶奎成声名远扬，省内外许多企事业单位纷纷允诺高薪聘请他，甚至连续受聘十年还可赠 200 平方米专家住房。面对诱惑，他坚定不移坦诚相告：“我要在泗阳抽水站干到退休，回报培养我的单位！”这话让对方既钦佩又信服。

春燕自知春光逼，累断筋骨口衔泥。年已半百的叶奎成由于 30 年坚守在抽水站一线，无规律超负荷忘我工作，患上严重的类风湿和腰椎间盘脱出等病症，每当天气变化就会痛得彻夜难眠。今年，他依然奋战在疫情防控和水旱灾害防御第一线，坚持做让上级放心，人民满意的抽水站站长。

在叶奎成的家里，最引人注目的是客厅玻璃柜内几摞红色荣誉证书，这就是他奉献水利事业 30 年所获的最丰厚回报。

◇ 本文发表于 2020 年 5 月 28 日《中国水利报》

◇ 作者：姚雪枫、高海军、何继东

于磊：建设工地成长起来的“海绵专家”

北京市水科院防灾减灾研究所的于磊作为国家海绵城市试点技术支撑项目的技术骨干，深入基层一线，发挥专业特长，不辞辛苦、勇于探索，在不断创新实践中成长为“海绵专家”。他的努力得到领导和同事们的一致认可，今年获得了北京市水务局优秀共产党员的荣誉称号。

发挥专业特长　当好海绵管家

2016年，水科院接到了副中心海绵城市建设的“哨声”，及时派出于磊作为技术支撑人员前去“报到”，挑起了国家海绵城市试点项目技术支撑的重担。

海绵城市作为一种新的城市发展理念，实施过程中自然会遇到诸多问题，同时技术支撑服务对象众多，这对现场技术人员的专业素质和综合素质提出了很高的要求，通俗地讲就是做海绵城市的管家，要做到“啥都会管，啥都要管，啥都能管”。为了做好这个项目，于磊长期驻守一线，虽然家住通州，但回家比谁都晚，去办公室比谁都早，加班比谁都多，业主随叫随到，用他的话说这叫“三全”服务，即服务全时段、全方位、全过程。

截至目前，于磊已“报到”并驻场700余个工作日，撰写了上百份会议材料，主审方案和施工图40余项，现场巡检上百次。他用自己的脚步不断丈量着近20平方公里的试点区，顶着烈日跑工地，冒着暴雨看排口，提着钩子翻井盖、甩开膀子掀箅子。说起区内的每个项目、每条管道、每个排口，他都如数家珍。

“分饰多角”　推进海绵试点建设

作为技术支撑者，于磊创新性地构建了试点区海绵城市系统模型，涵盖了水文、水动力和水环境模型等方面，提出了基于长序列高精度模拟的合流制调蓄池规模确定方法，有力支撑了试点区海绵城市系统化方案编制，为北京市合流制溢流污染控制探索了新的解决思路和技术路线。

作为驻场服务者，于磊能很好地服务业主，服务项目公司，服务施工单位，服务小区居民。他的突出表现得到通州区海绵办领导和其他技术支撑单位的一致认可。

于磊（右一）介绍应用于海绵试点建设的环保型雨水口挂篮

作为决策参谋者，于磊能真正站在业主角度思考问题。当所在的驻场机构进行重大调整的关键时期，他及时系统地梳理了试点区海绵城市建设面临的问题，从区海绵办、技术中心和项目公司三个层面，提出了解决方案，为后期海绵办机构调整和管理体制机制建设提供了有力支撑。

作为改革探索者，于磊能够及时跟进国家要求，结合海绵城市建设需求和北京市雨洪管理特色，对海绵城市与水影响评价之间的关系进行梳理，创新性地提出了基于水影响评价的海绵城市管控体制改革方案，明确了实施路径。当前，于磊正积极配合相关部门将海绵城市相关要求纳入水影响评价中。

实践出真知　推动专利成果转化

他善于发现，努力推动技术成果转化落地。在一次巡场与施工人员聊天过程中，技术敏锐性极强的于磊发现行政办公区内道路环保型雨水口截污挂篮在市场上没有成品，为破解这一难题，他积极探索将市水科院环保型雨水口挂篮专利转化为产品应用。

在实践中，于磊发现按照原有专利加工的产品存在缺少底部支撑、尺寸不合适、安装后不平稳等问题，于是他一方面协调产品加工方对产品进行改进，一方面协调施工方进行现场安装调制，经过多次返工调整，最终将产品定型批量生产。该产品应用于 7 条道路合计约 1200 个雨水口中，确保了行政办公区海绵城市建设效果。

四年的一线服务，不仅提升了于磊的专业水平，磨炼了他的综合能力，还让他对海绵城市有了更加深刻的理解和认识，逐步形成了自己的专业特色。“街乡吹哨，部门报到”，让于磊真正体会到在一线工作的艰辛，也让他在专业领域快速成长起来，成为“海绵专家”。

◇ 本文发表于 2019 年 9 月 21 日《北京水务报》

◇ 作者：水科学技术研究院

于翔：战疫，唱响新时代最美的赞歌

初春乍暖还寒。早上 6 点，天刚蒙蒙亮，江苏省常州水文分局水质科青年职工于翔便早早地来到科室，同事们都表示不解，他憨憨地笑着说："以前早起要送孩子上学，现在习惯了早点来单位做些消毒杀菌工作，对自己负责也是对他人负责。"手套、防护镜、口罩、消毒液准备妥当后，他就埋头干了起来。当完成自己负责的区域卫生消毒后，他又主动对公共区域进行消毒灭菌。

于翔在科室内主要负责仪器设备管理，不管是试验台还是各类大型仪器，他都细致地用酒精棉进行擦拭消毒。他说："我是仪器管理员，卫生工作一定要搞好，角角落落都要消毒到，工作做得细致一分，大家也就更安全一分。"

新冠肺炎疫情防控期间，为保证居民饮用水安全，按省中心监测方案要求，必须对饮用水源地进行水质监测。时间紧、任务重，面对任务，于翔主动请缨出战。

"我对溧阳地区情况比较熟悉，派我去吧！"谁都知道，这条线路是所有水质检测线路里最长的一条，且特殊时期，村镇多半道路封闭，绕路不说，吃饭也会成一个棘手的问题。于翔却拿出他早备好的热水干粮包笑着说："我已经做好了作'持久作战'的准备，请组织同意。"在做好相关防护措施后，他踏上了采样征途。途中来回穿越多个疫情防控区是常有的事，于翔每到疫情检查口，他总是拿出事先准备好的特殊时期采样工作证明，"通关"也就变得简单了多。

初春的野外，处处生机盎然，然而于翔并没有心情观赏这美丽的春景。采样工作困难重重，但是看着一个个被灌满的采样桶，一组组现场测定数据，他欣慰地笑了。夜幕下，于翔披星戴月带着样品回到科室，当他脱下防护服时，大家看到他身穿的衣服已经被汗水浸湿，脸上也被口罩勒出了深红的血印，由于工作强度大，他的嘴唇已经微微发白，此情此景，大家心疼不已。于翔一边大口喝着水，一边笑着摆摆手说：“这都不算啥，和那些战斗在抗疫第一线的医务工作者相比，我只是做了自己该做的事。”

于翔进行水源地总硬度项目分析化验

在平凡的岗位上坚守，在默默无闻中奉献，这是一个水质工作者的特写，也是常州水文人担当作为的表现。在简单洗漱后，于翔又一次投入到紧张的分析化验工作中。同事们劝他休息休息，他却说采样只是完成了一半工作，现在休息岂不是半途而废吗？转眼间，两个多小时过去了，于翔终于完成了自己负责的水源地项目分析化验工作，一组组珍贵的水质数据上传至上级部门。

复工期间，水质科先后完成国家重点水功能区、集中式饮用水源地、流域性骨干河道等 100 多站次监测，出具各项水质数据 1200 个。关键时刻，常州水文人身先士卒、带头冲锋，在行动中彰显初心，在岗位上践行使命，以满腔热血擦亮“全国青年文明号”荣誉匾！

在得知所在社区正招募疫情联防联控志愿者的消息后，于翔第一时间报名参加志愿服务，主动要求将值班时间安排在吃饭时间，把更多的休息时间留给其他同志。他用实际行动扛起了“为人民群众筑起疫情防控安全线”的使命。

无论是在洪水灾难面前，还是在疫情肆虐面前，于翔只是其中一个典型的代表，困难当前，常州水文人勇敢逆行，用实际行动谱写了一曲新时代水文抗疫的嘹亮赞歌。

◇ 本文发表于 2020 年 3 月 19 日《中国水利报》
◇ 作者：杨宁

余元君：清白如水 只为一江碧水

余元君，生于洞庭湖畔，感受着水旱灾害无情，从小就立志为家乡做些贡献。进入湖南省水利系统 25 年，走遍洞庭湖每一条水系、每一处堤防，全心守护这一江碧水，并最终将自己的生命献给所钟爱的事业。8 月 9 日，中央宣传部向全社会公开发布余元君的先进事迹，正式追授他“时代楷模”荣誉称号。红网时刻即日起推出“时代楷模余元君”系列报道，细数他在平凡岗位和工作中的不平凡事迹。

“他严谨务实、勇于创新，科学统筹生态保护与治理开发，始终保持创业激情和奋进状态；他干净办事、清白为人，经手大量资金项目，从来不谋私利不徇私情……”2019 年 8 月 9 日晚上 9 点在中央广播电视总台播出的《时代楷模发布厅》节目中，对余元君的生平事迹予以高度评价。

节目现场，余元君家人饱含泪水的双眼看得让人心痛。余元君的二哥余后银接受采访时说：“过去余元君总是忙于工作，对待亲人近乎苛刻，亲人们对他也不太理解。只有在他走后，才发现他的境界是最高的。”

此情可待成追忆，只是当时已惘然。

1972 年 9 月，余元君出生在常德临澧县的一个贫困农民家庭，家中兄弟姊妹 9 人，余元君排行第 7。家里有几亩水田，但经常遭遇水旱灾害侵袭。为了供成绩优异的余元君继续读书，兄弟姐妹们都早早辍学，或务农或务工，以补贴家用。

在老师和家人的大力支持下，余元君放弃读中专早日捧“金饭碗”的机会，勤奋苦读，最终考取天津大学。在填报专业的时候，余元君选择了更切合家乡需要的水工专业，大学毕业后，更是第一时间回到湖南，投入到他钟爱的水利事业。

从穷苦人家走出来，不少亲人和老乡当初都伸出过援手，本以为有了权力的余元君会“知恩图报”，给亲人、朋友们承揽一些工程，或推荐工作。可当他们找到余元君后，都得到了统一的答案：“扯这个事，免谈!”

余元君的侄儿余淼，也效仿他学习水利专业，但在一家水利施工企业工作5年后，仍然还是临时工，本来余元君一句话就能解决的事，他硬是没开口。

省洞工局工作人员李三友一次送余元君回老家，因道路不熟，正要向路边一位砍柴人问路时，却发现砍柴人正是余元君的二哥余后银。

常在河边走，就是不湿鞋。进入水利系统25年来，余元君经手的项目有上千个，项目资金达到数百亿元，但他始终保持着高度清醒，没有动用手中的职权为家人和朋友行任何“方便”，为支持余元君上学而辍学的兄弟姐妹，至今仍在农村务农，或在外省工厂务工。

清白做人，干净做事的风格，一度让家人认为老七变得决绝无情。但听说家里晚辈上学费用有困难，余元君二话不说，帮忙资助学费、生活费；家乡要修一条水泥路，余元君也立马从工资卡中取出2万元钱，当了解到修路资金缺口比较大后，他再次取出3万元现金，交给村干部。

到底什么是亲情，什么是乡情，余元君其实分得一清二楚！

对待上门送卡送礼品，请求在水利工程项目上通融一下的承包商，余元君向来都是嗤之以鼻；对待上门求教施工技术难题的施工人员，余元君却是不厌其烦地详细讲解，甚至将自己辛苦收集整理的珍贵资料无偿相授。在某些时候，余元君近似无情，但更多的时候，他其实是最有情的那个人——只有将洞庭湖治理好，湖区的一千余万百姓才能真正收获幸福。

余元君走后，更多的人开始了解这个平凡之人的非凡之处。全国水利系统干部职工掀起向他学习的高潮；余元君的儿子将许久未回家的爸爸视为偶像，立志将来成为爸爸那样的科技工作者；余淼凭借多年的技术积累，获得同事们的一致认可，已经从临时工成长为优秀的项目管理员，他的儿子也取名为余梦泽，以洞庭湖为名，意为传承好守护洞庭湖一江碧水的精神。

◇ 本文发表于2019年8月10日红网时刻

◇ 作者：杨朝文

俞昌都：初心不改的水文人

“受台风米娜影响，根据气象部门数值降雨预报成果，未来 3 天椒江流域面雨量 150～250 毫米。据此预报，临海站洪水位将超保证水位（保证水位 6.70 米），请各有关部门注意防御。”2019 年 9 月 30 日 19 时，台州市水文站副站长俞昌都在电脑前，向市防指、市水利局和相关县（市）水利局发布了椒江流域洪水橙色预警，并提出相关防御建议。

作为全市防汛防台的调度专员，俞昌都每次都凭着自己对洪水的高度警觉和科学的专业分析，为防汛防台指挥决策提供有力参谋，充分发挥先锋模范作用，用实际行动诠释了一名共产党员的初心使命。

“干一行，就要爱一行”

俞昌都，1968 年出生，临海市桃渚人，高级工程师。从小生活在江南水乡，俞昌都对水一直有着深深的情怀。

1987 年 9 月，俞昌都如愿考上河海大学，欣然选择了陆地水文专业，从此以水为伍，与江河为伴。1991 年 7 月大学毕业，俞昌都被分配到台州市水文站工作，成为了一名水文工作者，一干就是数十年。

“水文是水利的尖兵，是防汛防台的耳目和参谋，在防汛防台抗旱工作中发挥着重要的技术支撑作用。”从进入水文队伍起，俞昌都就立志做好水文事业。

2019 年 8 月，9 号超强台风“利奇马”直扑台州而来。俞昌都和几位水文专家多次组织水利专家分析灵江流域的洪水情况，对本次台风的严重性作出了充分预判。根据所分析的预报方案，俞昌都作出水情预报：“台州可能发生流域性大洪水，大田平原、温黄平原可能发生严重内涝。”他提醒相关部门要及时做好水利工程调度，充分发挥排涝工程在水利调度中的作用，使灾情降到最低。这一预测，为台州后续及时组织人员转移、大中型水库和平原河网提前预泄、腾出防洪库容的科学决策提供了有力支撑。

台风过后，俞昌都赴栅桥水文站等实地检查水文观测设施是否正常，观测场灾后修复情况（谢华　摄）

在防御“利奇马”过程中，他几乎两天两夜没合眼。在密切关注水雨情变化中，他精准预测到了长潭水库最高水位，为长潭水库泄洪调度提供科学决策依据，有效减轻了对下游的防洪压力，同时保障了水库大坝及库区人员的安全。

“真是一名不折不扣的‘水情老手’。”市水利局副局长阮桂春称赞说。由于工作出色，俞昌都被评为台州市防台抢险救灾先进个人。

“水文人，就要守初心”

台风概况、水情情况、调度方案、调度过程、问题建议……

这是一份《台风“利奇马”温黄平原和长潭水库调度记述》，里面翔实记录了“利奇马”登陆台州时风、雨、水等情况，温黄平原和长潭水库调度方案及调度的全过程，并剖析了此次调度存在的不足及今后需要注意的地方。

这是俞昌都在历次洪水调度时必做的手记。“每次这样整理一下，一方面是做好工作记录，另一方面可以便于事后分析总结，积累经验，弥补不足，进一步提升今后预测预报和防洪调度的精准性和科学性。”他介绍。

因机构改革，俞昌都于 2019 年 6 月挑起领导重任，负责防汛防台洪水调度工作。为摸清情况，精准调度，他把各种出现的水情和调度措施一一细细地在电脑上记录下来，时不时请教经验丰富的前辈，从中掌握规律。

翻开俞昌都的调度日记本，我们看到，里面记录的都是一个个时间节点。这些都是每次调度的时间和具体数据。在俞昌都的心中，洪水就是命令，测洪是水文人的天职。从椒江葭沚河道水位到温岭滨海镇的河道水位，从路桥金清到黄岩双龙闸引水……只要是低洼区，俞昌都都一一下到实地，认真摸清地洼地水位情况，掌握温黄平原河道水位防洪承受能力、抗旱能力等情况。

“我现在 50 多岁，年纪有些大了，要不断加强学习。”俞昌都表示，在退休前，要把年轻人再带一带，把自身有限的工作经验传授给他们。

28 年的水文坚守，一万多个日日夜夜……俞昌都以实干担当践行水文人的初心使命。

◇ 本文发表于 2019 年 10 月 11 日中国水利网

◇ 作者：黄善标

喻东平：当好精神文明建设排头兵

高高的鼻梁上，架着一副黑框近视眼镜，镜片中透出束束智慧、深邃的目光；中等个子的微胖身影，总是来去匆匆，显得那样忙碌和精干。在汉中水利系统，他就像一匹黑色的骏马，在水利文明建设一线不懈耕耘；又好像一名不知疲倦的战士，在平凡的岗位上勇敢搏击。生活上常知足，学习上知不足，工作上不知足。多年默默无闻的奉献，奋力完成世界灌溉工程遗产项目的申报，主导灌区文明创建工作，每年发表宣传稿件上百件，传播社会正能量，讴歌水利新形象。他，就是刚刚被表彰为“陕西省水利系统精神文明建设先进个人”的喻东平。

喻东平正在工作中

勤于学习提高的“实践者”

现年 46 岁的喻东平，是陕西省汉中市石门水库管理局的一名基层水利干部。对他而言，任何事情都没有捷径可走，如果硬要找捷径，他就把勤于学习作为不断进取不断提高的唯一捷径。在同事眼里，他始终是一个在学习上走在前头的人。

1990 年，他中专毕业走上工作岗位，被安排在西乡县偏远山区的乡政府当了一名乡干部，2014 年调到石门局。农村工作不简单，他暗暗下定决心：一定要通过虚心学习，尽快熟练掌握农业生产知识，提高自己的实际业务能力，早日成为独当一面的行家里手。

行之力则知愈进，知之深则行愈达。他总是以一个学生的姿态虚心向领导和同事们请教，悉心研究和摸索“三农”工作方式方法。为了不断提高自身素养和业务水平，他报考了市委党校大专班脱产学习，毕业后又参加中央党校法律专业本科的函授学习。变身水利干部后，深感自身业务知识的匮乏，他坚持利用业余时间自学，2016 年取得水利水电工程二级建造师执业资格证书。

用珠宝装饰自己，不如用知识充实自己。坚持不懈的学习，可以改善知识结构和能力水平。无论在哪个工作岗位，他年年都出色完成各项任务，多次被评为先进工作者。也正是凭借着过硬的业务本领和出色的工作业绩，他在工作中一步一个脚印的走来，先后担任过乡党委副书记、乡长、管理局办公室副主任、旅游公司副经理、局组织人事科副科长、局督查考核办公室主任等职务。局领导这样评价他：他是一个充满活力的、集速度与激情一身的工作能手。

文明单位创建的“先行军”

“水利文明单位”是全省水利系统精神文明建设的最高荣誉。灌区事业的发展更需要精神激励。2016 年，管理局将创建文明单位的重任压在了喻东平肩上。“遇到困难，知难而退，一向是懦夫的行为；面对困难，迎难而上，必定是勇者的选择。”熟悉他的人都说，他是一名在困难面前永远不会低头的勇士。

一条思路，一条大路。他们树立关爱职工、以人为本的理念，实实在在地为职工办实事、办好事，多途径传达人文关怀。每两年一次组织职工体检已形成制度化；每年邀请医务人员来局举办医学讲座，开展健康咨询；每年组织“道德讲堂”“读书会”、演讲赛、职工运动会和健步走等大型文体活动，喻东平既是组织者，也是参与者。管理局筹资 100 多万元改善办公环境，建设“职工之家”，打造机关文化，评选表彰“文明科室、文明职工”“最美水利人”“党员先锋岗”。各下属单位也都建成了“道德文化园”“廉政文化墙”“文明新风专栏”等宣传阵地，职工自己创作，营造浓厚的创建工作氛围。通过开展群众性精神文明创建活动，石门水文化建设亮点纷呈，单位环境面貌焕然一新，石门精气神得到迸发，锻造出一支不怕吃苦、不畏艰辛、敢打硬仗、拼搏进取的水利职工队伍。

目光所及皆图画，步履所至尽仙缘。管理局年度工作综合考核连续 6

喻东平（左）到帮扶的群众家里了解其生活情况，动员移民搬迁

年位居汉中市市直水利单位第一名，实现了灌区管理领跑全市的目标，也有力地促进了全市水利事业持续健康快速发展。2017 年 5 月，石门水库管理局被省水利厅命名为“全省水利文明单位”，这是汉中市第一个获此殊荣的灌区管理单位。2018 年，该局又成功创建成“区级文明单位”，喻东平也被授予“陕西省水利系统精神文明建设先进个人”。

水利文化建设的“探索者”

2016 年 9 月，汉中市启动“汉中三堰”申报世界灌溉工程遗产工作。喻东平被抽调到市“申遗办”工作，同时兼任石门局“申遗办”主任。说一千道一万，两横一竖是个干。他克服时间紧、任务重、头绪多的诸多困难，带领工作人员，加班加点组织搜集整理文物档案、编写价值评估报告，奋战在影像资料拍摄、文物考古、遗址区整治以及宣传报道等各个战场，做了大量卓有成效的工作。撰写《汉中三堰申遗专题片讲解词》，组织编写申遗文本、拍摄申遗专题片、组织实施《“汉中三堰”宣传策划方案》、筹备“水润天汉”文艺晚会、为媒体撰写“三堰申遗”宣传报道……他没白没黑地操劳。2017 年 10 月喻东平作为汉中代表团成员赴墨西哥城，完成了国际灌排会议现场展示、答辩等工作，促成“汉中三堰”成功申遗，为汉中新添了一张世界级的历史文化“金名片”，为全域旅游和“三市建设”做出了较大贡献。

行者方志远，奋斗路正长。近几年，他先后组织多家媒体对石门栈道景区宣传报道，修订了石门景区讲解词，组织了石门发展大讨论、灌区及旅游产业发展讨论会、管理局第一届摄影作品展和“改革开放 40 周年党建成果展”，完成了石门局水文化资料以及石门景区“文化产业示范基地项目”的编制和上报，参与了全省水文化遗产名录的摸底和资料撰写，完成了全省水利志石门篇的编撰以及全省“最美河湖”的申报，组织完成了石门水库生态保护专题片的撰稿、摄制和制作，筹办了全市第一期“水利大讲堂”，接待中省市对山河堰遗址的五次调研参观……为弘扬汉中水文化做出了自己的努力。

喻东平（前排右二）连续三年被陕西省水利厅表彰为“十佳通讯员”

“路人口似碑，人心是杆秤”。喻东平工作中讲奉献、树正气，生活上注意培养良好兴趣，始终以健康、正派、阳光、活泼的形象示人。他以严谨的作风、扎实的工作、出色的成绩，赢得了各级领导的充分肯定和同事们的交口称赞，被汉中市人民政府授予“申遗工作先进个人”，并获得省水利厅、团省委“全省节水达人”称号。

水利宣传工作的“领头雁”

喻东平是水利战线的一个老通讯员。他热爱新闻宣传，矢志不渝笔耕不辍，弘扬主旋律、讴歌新事物、传播正能量，走田间地头，讲灌区故事，用心血和汗水写出了一篇篇贴近民情、关注民生、鼓舞士气、昂扬向上的新闻稿件。

2018 年 7 月 14 日，略阳县遭遇特大洪涝灾害，石门局帮扶的石状沟村在暴雨的侵袭中彻底失去了与外界的联系，人员进出不得，失联 2 天，成了一座“孤岛”。管理局组成“7.17 扶贫救援队”，背负救援物资，跋山涉水向“孤岛”挺进。喻东平走在救援队伍的最前面，冒着滚石塌方的危险，翻山越岭步行 3 个多小时，深入山村救灾，到受灾户家中实地走访，深深感到灾害的无情和群众的期盼。以此为新闻线索，喻东平及时采写了《洪水无情人间有爱 跋山涉水运送物资——汉中市石门水库管理局组织救援队进村抗洪救灾》《心系灾区群众 捐款助力重建——汉中市石门水库管理局捐款支持帮扶村灾后重建》以及《与洪魔抗争的日子里》等系列文章，被省水利厅网站、陕西网、三秦网、汉中日报、今日头条等媒体刊登，引起了省、市、县政府的高度关注和支持，灾后重建工作迅速铺开。

天道酬勤，墨守平凡，一分辛苦，一分收获。2015 年以来，喻东平每年发表的宣传稿件都在百篇以上，多篇信息被中国水利网、《中国水利报》《人民长江报》、中国旅游网等中央媒体采用，较好宣传了汉中水利的各项成就和基层水利职工的疾苦。2017 年他撰写的《“汉中三堰”成功申报为世界灌溉工程遗产》荣获陕西省新闻奖报纸类三等奖；2019 年撰写的文章获得中国灌区协会“我和我的祖国——灌溉排水 70 周年”征文三等奖，提高了石门灌区知名度，充分发挥了正面鼓劲、讴歌先进、舆论引领、催人奋进的作用。喻东平连续多年被评为全省水利系统“优秀通讯员”“十佳通讯员”，也被当代陕西杂志社陕西网、汉中日报表彰为“优秀通讯员”。

一枝独放不是春，百花齐放春满园。喻东平坚持发扬“传、帮、带”的优良传统，结合自身工作体会，培养单位通讯员，组建宣传队伍。管理局成立了编辑部，指定喻东平负责，发动身边年轻同志多写稿、写好稿。喻东平经常对基层的同志手把手地教，毫无保留地传授写稿体会，对他们进行一对一帮助指导，提高他们的写稿积极性和水平，为繁荣全局新闻宣传工作开辟一片新天地。

以水为伴，圆梦人生。“优秀党务工作者”“陕西省水利系统精神文明建设先进个人”等 20 多项殊荣，成为点缀喻东平平凡生活的亮丽珍珠。在成绩和荣誉面前，他很谦逊：“一个单位，一个舞台，要感恩。作为一名共产党员，我只不过做了一些自己应做的工作，我唯有做得更好，才能不愧领导对我的培养和同志们的厚爱！”

◇ 本文发表于 2020 年 4 月 23 日《中国水利报》

◇ 作者：李晓伟

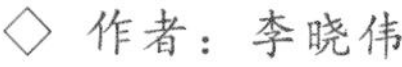

袁崇仁：大河情怀映初心

第一次见袁崇仁，他穿着一身藏青色的棉布衣衫，头发梳理得很整齐，带着一副普通的黑框眼镜，虽然已退休 10 年，但看起来依然精神矍铄。

“对我来说，为黄河事业奋斗是心甘情愿、乐在其中的。退休后的主要工作是还账，还夫人账，还孩子账，还家庭账。工作那些年一心干事业，亏欠家人太多。”

这位与共和国同龄的老局长，20 世纪 70 年代初加入治黄队伍，从最基层干起，到带领山东治黄事业发展，将一生中近 40 年的时光奉献给了治黄事业。

访谈中，袁崇仁不时发出“黄河事业大有干头”的感慨。谈及治黄成就，袁崇仁坦言，黄河人都是有情怀的，人民治黄 70 多年，无论是在防凌防汛，还是在重大工程建设中，黄河人都特别能吃苦、特别能战斗、特别能奉献，正是同志们踏实肯干的好作风，朴素无华的真性情，深入骨髓的初心情怀，成就了如今的山东黄河。

战天斗地抢大险

“伏汛好抢，凌汛难防”“凌汛决口，河官无罪”，是过去利津一带人人皆知的谚语。

1951 年王庄凌汛决口，1955 年五庄凌汛决口，利津县独特的地理位置，决定了它是凌汛的重灾区。

20 世纪 70 年代，有一次为了预防武开河（一种春初时上游河道先行解冻，下游河道依然冰封的水文情况，易形成冰坝，并导致凌汛）造成凌汛灾害，袁崇仁在利津刘家夹河河段主持实施冰凌爆破。当时他负责的 3 个爆破队在冰下放置了 100 多个炸药包。下达爆破指令后，只听接连不断的爆炸声“轰轰”作响，惊天动地，一时间冰水混杂一起飞上了天，足足跃起数十米高，而后冰水齐下，现场十分壮观而紧张。袁崇仁当机立断，火速组织职工疏散围观群众，保证了在场人员的安全。

爆破完毕后，爆破队员迅速进行水下排查工作，当时河里的冰凌携着哑炮已经被河水冲着向下游滑动，情况比较危险。袁崇仁自豪而欣慰地说：“我非常担心职工的安全，但他们毫不犹豫地拖着长梯爬到滑动的冰面上，仔细排查，清理了残留的十多个哑炮，妥善完成了爆破的收尾工作。”

70 年代，黄河下游特别是河口河段凌汛几乎年年发生，每年都要进行防凌爆破或爆破演习。数九寒冬，工作在寒风刺骨的河道里，的确很辛苦，但是我们的干部职工无所畏惧，毫无怨言。

2001 年 8 月初，由于汶河流域突降暴雨，戴村坝洪峰流量达到 2700 立方米每秒，致使东平湖老湖水位陡涨。8 月 4 日，作为山东黄河河务局局长的袁崇仁火速赶赴一线，与时任山东省省长李春亭电话商议后，果断调取 6 台长臂挖掘机，并请求解放军实施水下爆破，疏通入黄口门。

2003 年，袁崇仁（左三）和泰安市副市长共同拟定防护方案

由于当时清河门入黄口过水断面较窄，泄水不畅，湖水位回落较慢，致使此次抢险持续了近一个月的时间。长时间的高水位，严重威胁着金山坝以西 4 万多群众的安全，引起省委、省政府领导的高度重视。时任山东省委书记吴官正多次给袁崇仁打电话，并多次到现场，要求确保安全，做到万无一失。袁崇仁和同事们几乎很少休息，昼夜不停奔波在工地上。当时天气多雨，有几天更是遇上了八级风浪，部分湖堤石护坡被冲毁，现场十分危险，但黄河职工们在袁崇仁的指挥下依旧毫无怨言，不怕苦不怕累，争分夺秒地进行抢护，充分发扬黄河精神，尽心竭力地奋斗在一线。

如果仅仅把这段经历描述为“艰苦奋斗一个月”实在太过轻巧，“尽心竭力”这四个字浸透了所有黄河人付出的汗与血。

当时在现场指导工作的一位省领导很有体会地说："崇仁同志，你们太辛苦了，每天都处在急难险重的状态下，人怎么能受得了啊！"

排除万难定河道

清水沟，一条雨水、海潮冲刷出来的小水沟，用十几千米的长度书写了治黄史上的奇迹。

1975 年，原黄河入海河道刁口河流路历经 12 次洪峰后，河道十分不通顺，主流分为 5 股水流分散入海，致使水位过高，西河口呈现近 10 米的高水位，漫滩严重。1976 年，国务院同意改道清水沟的建议，实施黄河口截流工程，由刁口河流路改走清水沟流路。

由于洪水期间漫滩严重，工程范围内存有大量积水，进行截流和筑堤的第一项工作就是排水。为了尽快保质保量完成任务，袁崇仁和同事们正月十七就赶到了工地上。

正月寒风刺骨，滩地里还有好几公分厚的冰没有化开，但是袁崇仁和同志们砸开冰层，赤脚下水，进行疏浚排水。看到黄河职工带头脱掉棉衣和鞋子，跳进冰水进行排水，还在一旁犹豫观望的民工们见状也随之跟上。这一干就持续了数日。"说实在的，当地老百姓都受不了这严寒的苦，但我们的职工却毫无畏惧和怨言，按期在 3 月份将积水排净，为后续工程的正常施工创造了条件。"袁崇仁赞叹道。

排水结束后，袁崇仁被分派到河东岸施工组，主要负责截流所需的备料工作，任务是储备石方、柳料、土方等物料。当时的工地条件十分艰苦，职工们住着简陋的草棚，四处漏风、漏雨，在棚里睡上一宿，第二天被子上落的土就是厚厚一层。在如此恶劣的条件下，黄河职工们一如既往地将工作放在第一位，毫不懈怠，坚持奋斗，不负使命顺利完成了任务。

如今这条清水沟入海流路已经稳定行河 40 多年，远远超出了原规划的使用年限，实现了入海流路的相对稳定，为黄河三角洲快速发展提供了有力保障和条件。

"回顾影响深远的黄河口截流改道工程，那时施工能力极差，机械化程度非常低，几乎是全靠人工用小推车把大堤推起来的，黄河职工工作环境极其艰苦。能在如此艰苦的环境中完成如此艰巨的任务，靠的就是黄河精神。"袁崇仁总结道。

砥砺前行铸铁军

黄河标准化堤防建设至今仍是治黄职工一段难忘的岁月。

2004 年，水利部黄河水利委员会优先安排山东防洪位置较为重要的菏泽东明和济南右岸两个堤段，进行标准化堤防示范建设，全长 128 千米，其中，济南 66 千米，限时一年完成；菏泽东明 62 千米，限时一年半完成。

黄委与山东黄河河务局签下了军令状，到期完不成任务，主要领导将被诫勉。“施工中涉及搬迁群众 7700 余人，拆迁房屋 30 多万平方米，这项工程时间之紧迫，任务之艰巨，工程量之大，都是前所未有的。”袁崇仁回忆当时的状况，依旧历历在目。

“建设过程中，印象最深的还是‘田庄会战’。”济南田庄位于城郊，交通位置便利，寸土寸金，是搬迁任务最重的地区。到田庄拆迁任务完成之时，有效工期已不足一个月。

“要在 30 来天的时间里完成 60 多立方米土方的放淤固堤，任务十分艰巨。”当时河道内机声轰鸣，大堤上车流如梭，紧张的气氛如同抗洪抢险。经过日夜奋战，“田庄会战”取得了决定性胜利。

“在急难险重的任务面前，我们的职工们舍小家，顾大家，艰苦奋斗，令人十分动容。”袁崇仁由衷地感叹。

2004 年，袁崇仁参与黄河标准化堤防工程机淤固堤“百船大战”

冒风雨，战严寒，风餐露宿，夙兴夜寐，在困难面前，黄河职工尽显“铁军”本色。

2005 年腊月二十九，山东黄河工程局工程一处的 3 号吸泥船钢缆被水流拉断，船长杨兴泉不顾自身安危，在抢修管道时，落入了冰冷的大河，幸好被挡在了下游 1.5 千米外吸泥船的浮桶上，被救上来的时候已经休克，经过全力抢救，他奇迹般地活了过来。

大年三十，下着小雪，4 名职工为了抢护淤区施工围堰，下到齐腰深的冰水中一干就是一个多小时，浑身的泥水冻得硬邦邦，当淤区排水恢复正常时，堤下除夕的鞭炮声响了起来……

2008 年 12 月 26 日，济南黄河标准化堤防工程荣膺中国建设工程质量最高奖——鲁班奖。黄河铁军，当之无愧。

“干了一辈子黄河，对黄河越来越有感情，前些年为工作殚精竭虑，现在我要多多陪伴家人。你们是黄河的新生力量，年轻人要珍惜大好时光，把工作当成学问来研究，黄河还是很有干头，很有说头，很有研究头的。”袁崇仁关切地向笔者嘱咐道。

治黄接力棒传了一代又一代，永不褪色的黄河情怀得到守护传承，黄河精神恰似无数星火汇聚成的耀眼火把，澎湃地燃烧着，历久弥新，永不疲倦地跳动在每一位黄河人的心中。

如今，袁崇仁被山东省委老干部局聘为省直机关老干部工作第九联络片（中央驻鲁单位）联络员已有 5 年，负责联系、指导联络片各成员单位的老干部工作。他虽然已年至古稀，仍然在为党的老干部工作发挥余热，增添正能量。

◇ 本文发表于 2019 年 10 月 14 日山东黄河网

◇ 作者：高振霞、高欣

张吉福、贾永圣：驯“马”记

“利奇马”走了，除了渠道两岸大片倒伏的柳树见证它曾经的“肆虐”外，行驶在“狼藉不在”的渠道上，发现闸站更伟，碧草更青，渠道更靓，护渠人最美！

（一）

2019年8月9日下午2：30，就在干线公司“防台风”紧急视频会议召开的同时，随着“咔嚓”一声雷鸣，“利奇马”立刻给了个下马威：高青段闸站全线停电。正在周末值班的淄博管理处主任李一涛高度敏感，靠经验判定是电路缺相。即刻安排值班人员鞠志勇、驾驶员李明赶赴事故现场，为电力维保单位抢修赢得时间。鞠志勇一边通知闸站开启备用发电机，一边沿10千伏电力专线排查，当在一片玉米地里发现断开的电线时，已是凌晨2点。两个人不顾手臂上玉米叶子划破的道道血痕，协助维保单位立即展开抢修，高温闷热、饥渴难耐，他们一直干到次日上午10时，返回单位时已近虚脱。

（二）

胶东管理局调度分中心一切显得紧张有序，坐镇指挥的范继友局长早在干线公司通知前，就预见性的把淄博重灾区做好防台风的预报发到群里。8月10日一早，他一一叮嘱渠道上的防范重点并下派工作组督促后，火速赶到另一处防台重心：寿光双王城水库。

上午9时，渠道上雨势渐大。淄博管理处组织工程维护单位按照其人员分工，正紧张的排查沿线安全隐患，对左右岸低洼、损毁，有可能进水冲破工程的地方统计上报。紧接着，施工人员分头按照排查情况紧急处理，利用编织袋、防渗膜、外填土等方法一一加固10余处。现场指挥协调的刘广辉、霍祥宇、赵启伟上身早已被汗水雨水浸透，但他们又迅速转战，督促此前拆除衬砌板处的防护上，为保护渠道、避免雨水冲毁更多衬砌板，指导人员用防渗膜一处一处盖好压实、在堤顶筑起防水坝，直到20多处确认安全无恙才离开。

（三）

就在“利奇马”来袭之前，干线公司批复的工程形象提升项目“沿线建筑物修缮”正在箕张闸试点展开，挖掘机轰鸣、施工帐篷邻渠、彩色花砖成垛。一段浙江省“利奇马”侵袭路旁树木倒伏的视频引起范继友局长的重视。在双王城水库指挥的间隙，他电话指示工作组，立即采取措施，撤离施工现场，关闭临时用电，沿线封闭巡渠道路，避免渠道车辆行人二次伤害。10日下午已是雨大如注，润鲁公司立即安排精干力量，分头设置“台风预警”安全警示牌，在人员密集渠道封闭管理，12处重点路口专人冒雨值守。看到管理处王猛一一发送的现场微信照片后，范局长才放下心来。事后证实，作为“利奇马”侵袭的重点部位，箕张闸上下游风大雷急，倒伏树木200余棵，降雨接近400毫米，16号一早电路再遭雷击断开。如果预防不力，后果真是不堪设想。

台风前封闭的巡渠道路

（四）

情况仍然紧急。11号一早，早已停止调水、闸门紧闭的渠道内水位迅速上涨，按照预案，公司调度青胥沟水位情况，准备向小清河泄水。东寺闸闸前水位接近设计值。更要命的是，邹平段的强降雨已使中心沟、马四、章历齐等几处大的穿渠倒虹闸前水位猛涨，强降雨冲下来的大批垃圾把刚刚在汛前清理的拦污栅堵塞，马四倒虹眼见就要溢出。预定的挖掘机被倒伏的树木阻拦。养护公司负责人就近组织人员冒雨清理淤积，在每处大倒虹前严防死守。11时10分，公司指令东寺开闸泄水，刚恢复供电的闸门电路突然不通，关键时刻，鞠志勇临时架线开启 2 号闸门。13 时，邹平段停电，所有养护看护人员到位待命。自动化和通信维护单位组织人员紧盯现场，田家、胡楼闸仪表显示异常，养护人员徒步 10km 及时抢修。16 时，公司下达了“防汛防台风应急二级响应”预警。指令就是命令，所有人员紧急就位。

（五）

12 日一早，几近干涸的管理处藕池水满溢出，青胥沟上游来水凶猛，眼见即将“平槽”，汇合猛涨的小清河来水早已没过泄水口。管理处雨势渐小。微信显示，10 日早 7 时至 12 日早 7 时，2 天 2 夜高青降雨已近 300 毫米、邹平接近 400 毫米，淄博、邹平为全省重灾区。实时显示，“利奇马”就要离开山东。利用这个间隙，刘广辉、王榕再次来到渠道，指导人员检查加固原来的隐患部位。没想到下午的一阵狂风，让早已饱和的渠道两岸大片树木倒伏，事后统计接近 3000 棵。

台风后拆除拦污栅的穿渠倒虹

淄博的水灾引起省委省政府的高度重视，当 60 多岁的省委书记刘家义同志脚踩装载机铲斗进入桓台马桥镇时，现场不时听到阵阵哭泣声。13 日下午，按照省防指 3 号指令，实施小清河泄洪工程，利用南水北调渠道分洪。此时，最近的巡渠道路尚未打通。已近下午 18 时，管理处组织安排抢通道路，消除倒伏树木，封闭 S246 以东巡渠道路，确保专家和技术力量、防汛物资畅通无阻。

算上干线公司自身，淄博渠道参与防台的部门单位不下 6 个，感谢那些视“台风”就是命令，没通知就来到现场的同事们！感谢那些反复奋战在雨中的一线同志们！感谢“利奇马”，它使各部门精诚团结，经受住考验，更使每一名护渠人靓丽无比！

目前，后续的抢灾恢复正有序进行中。

◇ 本文发表于 2019 年 8 月 15 日《南水北调・山东》

◇ 作者：张吉福、贾永圣

张亮华：“他们在，我们就有了主心骨！”

“他们在，我们防汛就有了主心骨！”提起在一线驻守了近20天的湖南省岳阳县水利局技术干部张亮华，新墙镇人大主席朱雄光由衷感叹道。在堤上同吃同住的日子里，一线水利技术干部吃苦耐劳、任劳任怨的工作作风给他留下了深刻的印象。

见到张亮华时，他正站在满是黄泥的沟道里查看险情。2020年7月23日上午，巡堤人员发现三合垸堤坝旁的一块土地有些潮湿，便将这一情况立即上报，接到险情后张亮华第一时间赶到现场。然而现场情况却并不明朗。“这里原来是个老房子，年久失修已经堆满了建筑垃圾，看不到渗水的地方，险情非常隐蔽。”张亮华说。

不能放过一丝风险！紧急会商后，新墙堤垸防汛指挥部决定用挖掘机将堤基附近的建筑垃圾全部清理掉。果真，在挖出一条宽、深各约2米的渠道后，藏在建筑垃圾深处的一处管涌点现出了原形。接着，张亮华指导挖掘机立即开挖导浸沟，并铺上砂卵石过滤泥水。

张亮华及时妥善的处险措施得到了现场所有工作人员的认可。“他给我们做技术把关，作用很强！”新墙堤垸防汛指挥部指挥长姜其胜给他点赞。

7月的潇湘大地，酷暑难耐。35摄氏度的室外，稍待几分钟便浑身是汗，张亮华几乎每天奔忙在烈日下，查看险情，指导机械，铺设砂石……忙活了一会儿，他的鞋子、裤脚沾满黄泥，脸也晒得通红。“我们的工作状态就是这样，已经习惯了，说不上辛苦。”他憨厚地笑着说。从7月5号来到新墙堤垸后，他已经连续近20天驻守在这里，每天24小时待命，中间没有回过一次家，原本的水利规划计划工作也要每天挤时间来做。匆匆交谈了几句，一通报险电话打来，顾不上清理鞋子，张亮华立即赶往下一个出险点。

看堤坝，查险情，出对策，提建议。像张亮华这样驻守在防汛一线的水利技术干部，岳阳市目前有1100多名，市、县、乡三级所有水利技术人员已全部驻守在防汛前线。在岳阳采访的几天，走进任何一个防汛值守点，每个工作人员都能叫出负责本片区水利技术干部的名字。“出现险情他们第一时间就来了！”一句简单的介绍背后，反映出1100多名水利技术干部的日夜坚守，正是因为有他们在，出了险情大家有主心骨，知道该怎么办。

7月21日上午，岳阳市防指召开水利技术干部视频连线会议。会议现场，视频摄像头打开，镜头的另一端——有的技术人员在大堤上巡查，有的在老险工段“会诊”，有的在防汛会商室会商，有的在医院打针输液。每块小小的屏幕背后，都有一个不为人知的动人故事。驻守华容县的陈剑龙、雷鸣每天一早出发，凌晨赶回住处，巡查、工作、吃饭全部在一线；驻守君山区的赵超、徐振宇在指导钱粮湖垸三角闸村一处管涌时，为了抢占时机，和群众一起背沙袋抢险；驻守岳阳县的刘崇现，因终日驻守大堤劳累成疾，每天输液后又回到现场指导……截至7月23日，驻守一线的水利技术干部排查并成功处置险情隐患114处，为堤防稳固、度汛安全提供了强有力的技术支撑。

“谈不上辛苦，我们习惯了。”这是采访水利技术干部时，记者最常听到的一句话。防汛是水利人的职责所在，苦和累在他们眼里都不值得一提。这群日夜奔波在洞庭湖沿岸的水利技术干部，为堤坝“巡诊把脉”，在一线出谋划策，默默坚守在自己的工作岗位上，用平凡却又伟大的实际行动践行着水利人的忠诚担当。

◇ 本文发表于2020年7月25日《中国水利报》

◇ 作者：石珊珊、夏宇

张宁：静动皆“和”

张宁这个名字很中性。

作为一个水利水电技术领域的探索者和实践者，张宁像很多从事这个行业的女性一样拼劲满满、韧性十足。唯一不同的是，工作的挑战、环境的变化，更让她将动与静“和”一，自如切换。

更多的时候，张宁是一个思考者和创新者。

面对今年以来发生的新冠肺炎疫情，一直坚守在黄河万家寨水利枢纽有限公司电站管理局工作一线的张宁，全力维护着她那些水轮机“朋友”的安全，保障着山西、内蒙古两地的用电安全。

静

万家寨，对很多人来说是一个非常陌生的名字。

这个位于山西省忻州市偏关县的小镇，因明代兵部右侍郎、蓟辽总督万世德远祖万杰在此建立兵寨抵御外虏而得名。

万家寨，对于很多熟悉能源领域尤其是水利水电行业的人，又是一个非常熟悉的名字。国家“九五”重点工程——黄河万家寨水利枢纽工程就坐落在这里。

1997 年，大学毕业后，张宁与众多抱着为水利水电事业奉献全部的青年来到这里。

“现在只有我和另外一个女同事还留在电站，其他人都已经换了别的工作。”

张宁说，高考前，山西省省委原书记胡富国在山西电视台做万家寨水利枢纽工程启动宣传及动员时的讲话感动了她，让她走上水电之路。

然而，这种感动很快就被万家寨的现实磨没了。

万家寨的位置比较特殊：位于晋陕蒙三省区交界处，万里长城与黄河在这里相遇，是边塞文化与黄河文化的交汇之所。

不过，荒凉却给张宁等人留下了深刻的第一印象，并长久伴随着他们直到近几年因为他们的努力而改变。

呼啸的塞北寒风与热火朝天的万家寨施工现场形成了鲜明的对比，而此时的张宁在这里却静心实践着她在学校课堂上学到的知识。

张宁在大学读的是水电学院，专业是电力系统及其自动化。

“大学所学专业的理论性太强，与实际应用和操作差距太大；大学的专业知识也有局限性，实际工作中，需要多专业、多工种的综合性理论和实践经验。”

在各种机械的轰鸣中，张宁总能寻找到属于自己的那一方宁静和发挥的空间。

张宁说，专业知识要实践，就是要在不停旋转的水轮机中；但如果要做好工作，有提升、有创新，更多需要静静地思考问题。

为了思考一些问题，张宁有时能半天甚至一天不动地方。

张宁在施工一线

一个场景时常出现在万家寨电站管理局的办公室里。

窗外，黄沙疯狂地展示着自己的实力，好像要把这条河、这座山都带走一样，就连不多见的小草和绿树也为它倾倒甚至折腰。

窗内，稳坐在办公桌前的张宁表情时而欣喜、时而忧愁，在紧绷与放松间来回交换后，换来的是满意的答案和长久的舒心。

“我真佩服宁姐，她是那种能在办公室待得住的人。只要没有找到她满意的答案和尽量完善的解决方案，时间和饭菜都不在她的思绪中。”

同事对张宁的第一印象是“静”，亦如她名字一样——宁静。

动

但张宁自称是一个爱“动”的人。

“从大学开始到现在，我所学的专业和工作始终联系在一起。如果光坐在办公室闷头去看书、找材料，不能同机器‘交朋友’，工作不会有大成就的。”

张宁说这20多年来，总感觉自己有那么一股向上的劲头在涌动着。

而这种“动”，让她在万家寨“名气”日增。

“战风沙、斗严寒、忍荒凉、耐寂寞。”

这是黄河万家寨水利枢纽工程建设时，人们总结的“万家寨精神”。

“其实，作为能源领域从业者，尤其是水利水电行业，哪一个人不是这样。因为修建水电站的地方，都是环境相对比较差的地方，要能够耐得住寂寞，冲得上前线。”

张宁喜欢跟机器打交道。

“当我听到水轮机的转动，听到黄河浪声；当我全身心地投入到一个问题中时，那种冲劲就会让我感到激动和欣喜。”

张宁笑言，跟机器打交道比跟人打交道更容易一些。

“尽管它们也有一些小脾气。”张宁说，这些年从事水利水电技术工作，来不得半点虚假和马虎。

张宁认为对待技术的态度更不能一知半解。所以，每次在现场做机组启动前的调速器静态和动态调试，张宁尽管表面平静却内心涌动。

“每次机组检修后的第一次开机启动试验，我都战战兢兢，因为调速器控制系统一旦出现问题，那就是破坏性的大事，不仅设备损坏严重，还可能会出人命。”

这种担心延续到现在，她坦言，每次指挥万龙机组检修后的第一次开机启动试验，虽然不做具体业务了，她也会紧张。

2016年，因部门主任工作调动，张宁第一次接手了一项全新领域的专业工作内容——电力监控系统安全防护。

现在的张宁是黄河万家寨水利枢纽有限公司电站管理局生产技术处副处长。

无基础理论、无实践经验、无技术指导，且无思考、无学习、无储备技术理论知识的准备时间，这些还不算，张宁还要面临各种需要立即着手解决和处理的问题和事项。

这项工作听起来简单，看似也不难，但国家有哪些政策、法规、制度、要求，以及需要哪些学科知识，对张宁来说全是空白。

“工作总得有人做，还要做好，从基础做起，查找国家的法律法规、行业的技术规范，向有经验的同志和外单位的同行们学习。”张宁克服困难，迎难而上的“动”又一次让她紧张并兴奋起来。

和

黄河万家寨水利枢纽有限公司共有两座水电站：万家寨水电站安装6台机组，总装机容量108万千瓦，设计多年平均发电量27.5亿千瓦时；作为万家寨水利枢纽工程的反调节配套工程龙口水利枢纽水电站安装4台机组，总装机容量42万千瓦，设计多年平均发电量13.02亿千瓦时。两座水利枢纽发电后，在山西电网、蒙西电网中发挥了调峰、调潮流及事故备用等重要作用，对优化电网结构具有十分重要的意义。

张宁（右）与同事交流

张宁说能成为万家寨这个大家庭的一员，自己感到自豪。

当然，也正是来自大家庭的温暖让她理解了“和”的重要性和长远意义。

回顾自己之前的工作，张宁将其分为三个阶段：

第一阶段，放下架子、扑下身子，将学校的理论知识与工作实践相结合，在实际工作中加以运用，积累丰富的实际工作经验。

第二阶段，敬畏职责，专心致志、踏实认真做好本职工作，不断总结经验，提高实际工作中处理和解决问题的技术水平。

第三阶段，加强底线思维，树立大局意识，以全局的角度，在实际工作中不断进行多学科、多工种、多专业技术理论的扩充和拓展，做好技术管理。

动静合和，缺一不可。

张宁坦言，工作和家庭，都是她的责任，放松任何一项都会内疚。

“我需要工作的薪水养家养孩子，所以我敬畏职责；我对孩子有教育的责任和义务，所以只要工作允许我会全心全意严肃认真教育孩子，让孩子健康成长，将来做一个对社会有用的人；利用一切工作和家庭之余时间，学政治理论、学专业技术、学他人经验，坚持锻炼，自我调节，丰富充实自己的生活。”

张宁强调，要做到这些不但需要“静”、需要“动”，更需要一个“和”字，将“和”很好地领悟才能在工作和生活中做到更多。

这个之前崇拜军人、欣赏军人，在“川航事件”后将刘传健作为偶像的“水电木兰”，始终铭记刘传健接受央视采访时说的话：很多人都把“平凡”理解为“不作为”。

在张宁看来，平凡就是在你的工作岗位上，把每一件事做好，做到在关键时候能拿得出手，关键时候能够挺身而出，关键时候能够解决问题。

在今年抗击新冠疫情期间，张宁和同事为保障水电站正常运行、保障电力充足供应一直在坚守着。

春夏秋冬，四季轮回。大自然在万家寨这片土地上泼洒着别样的色彩，呈现出独特的风景。张宁说，当你走进万家寨，用心感受它、欣赏它，或许你会发现，此时山中的你也如这里的山一样值得回味。

◇ 本文发表于 2020 年 5 月《能源评论》

◇ 作者：郑世茂

张晓伟：初心不改 守护南水北调工程十六载

“南水北调中线工程是利国利民的世纪工程，关乎沿线亿万群众的切身利益，容不得半点马虎，丝毫不可松懈。”每天早上不到 7 点，张晓伟第一件事不是去办公室，而是到渠道上走一走、看一看。

“每天一巡，每次 3 到 4 公里，这个习惯已经保持五六年了。”张晓伟说，自 2014 年工程通水运行以来，粗略估算已走过了 5000 公里。“每天看一看渠道，看着清澈的水沿着河道流向千家万户，想着无数人可以喝上放心水，就觉得很有意义。”

张晓伟（左）雨中巡查左排建筑物

张晓伟是南水北调中线干线管理局河南分局汤阴管理处处长，2004 年与南水北调结缘，16 年风雨同行，日夜守护着他心爱的事业，见证着南水北调中线工程从无到有，陪伴着它从建设到通水，再到现在的运行管理，一路走来，他始终秉承着新时代水利人应有的品格。水润万物，他不忘初心、负重前行。

天河蜿蜒太行前，京津冀豫增水源，江淮黄海一线穿，惠及子孙千万年。数据显示，截至 2020 年 7 月 7 日，南水北调中线一期工程累计调水 311 亿立方米，惠及四省市 6700 万人，成为沿线城市供水新的生命线。

匠心守护，让惠民工程落地生花

2016 年 7 月 19 日，安阳暴雨已连续下了 7 小时，为判断倒虹吸内水位是否处于安全状态，在外巡查的张晓伟走到倒虹吸出口平台进行观察。

不料，水位越涨越高，从上游广阔地面汇聚而来的偌大水头，在倒虹吸进口蜂拥而入、出口涌出，悄无声息地淹没了截流沟和渠道防护林带，也淹没了张晓伟的回路。

张晓伟被“困”在平台上了。“这里是填方渠段，积水越深，壅水越高，很可能造成浸泡渠堤坡脚，持续升高甚至导致边坡失稳、外水入渠。”这是张晓伟面临“困”境时的第一反应，“赶紧联系应急抢险队伍，派来一辆挖掘机和几台水泵，进行先期处置!”他急跟身边的亢海滨说。

安阳段工程汛期都有哪些防汛风险项目、存在什么样的风险，张晓伟心如明镜。得益于他的周密安排，再加上降雨减弱，一番紧锣密鼓的“救援”之后，渠道危机解除，可谓有惊无险。

“那是快三年前的事情了，但我现在还是记忆犹新。”谈及那天，同事亢海滨言语中透着藏不住的感动。

张晓伟（左二）和同事们巡查渠道并交流

“南水北调中线工程是伟大的民生工程，关乎沿线亿万群众的切身利益，容不得半点马虎，丝毫不可松懈。”正是无数像张晓伟一样毫不马虎的南水北调人的匠心守护才使得这项惠民工程不间断安全运行，不断为人们送去清澈甘甜的生命之水。

责任与使命，发挥好基层支部的战斗堡垒作用

2017年，安阳管理处首摘河南分局“红旗基层党支部”荣誉称号，在党建和业务深度融合的道路上，安阳是试点，更是标杆。当年国务院南水北调办党务会筹划于10月20日在安阳管理处召开，时任安阳管理处处长的张晓伟作为基层支部书记代表汇报工作。

做第一个吃螃蟹的人，不容易。那段创建时光，何止一个“难”字了得。“过程的艰辛就不说了，我们不容易，张处更是不容易。”同事张磊深深地叹了一口气：“那天，真不知张处是怎么熬过来的。”

张磊口中的那天，是10月20日汇报这一天。10月19日晚上六点一刻，会议前夕。张晓伟的电话里传来了噩耗——岳父去世了。作为家里的

张晓伟（左一）排查电缆井

主心骨，需要安置岳父的后事、陪伴伤心过度的妻子。明天的汇报怎么办？经过商议，决定由副处长徐金龙代替。

这一晚，张晓伟在殡仪馆守了一夜。

“20 日一大早，我在管理处看见张处在洗漱，很惊讶。”张磊说，“会议正要开始，大家发现，张处已经衣冠整洁地坐在会议室了。他可以不来的。”但张晓伟还是来了，而且汇报很成功。

“这是我的职责。”在张晓伟心里，这是一件很平凡的事情，但正因为他顾全大局、勇于担当的精神，为无数一线职工树立了榜样。在他的带领下，支部战斗堡垒作用越来越强，先后获得“红旗基层党支部”等称号。

打造精品工程，1 年创建标准化渠段 20 公里

2019 年 7 月，张晓伟因工作需要调至汤阴管理处担任处长一职。身为一个处室负责人，张晓伟“不偏科”，认为一个管理处方方面面都好才叫好。

刚一上任，张晓伟就开始马不停蹄地了解情况：现场的维护、制度的细节、后勤食堂的每日成本……

张晓伟查看树木生长情况

“张处可谓细致入微，面面俱到。”“张处很挑剔，总能看到你想不到的问题。”这支团队里的每位成员都对张晓伟的细致感触颇深。大家都感觉张处比审计问得还细，也正是这样，不到一年的时间，管理处每个人的工作都发生了翻天覆地的变化。

标准化渠道建设是检验维护效果的一个主要指标。汤阴段渠道、地质情况复杂，张晓伟来汤阴管理处之后，从现场找原因和解决方案，从过程抓维护效果，解决了一系列疑难杂症，路面、路缘石焕然一新，边坡狗牙根铺

满渠坡、林带苗木基本无缺株，绿意盎然，渠道围网稳固。短短 1 年时间，标准化渠段创建已突破 20 公里。

“还有防汛物料的倒运、围网刺丝的加固、每月结算的跟进，变更项目的定性、主材价格的询价等，张处甚至比专业人员更专业。”土建维护负责人武立门说。

他的细致认真、面面俱到，成就了一支执行力精准高效的年轻队伍。张晓伟也用自己的切身行动，激励着管理处全体职工担当作为，让大家感到敬佩。

“得益于张处这样的管理模式，后来大家都养成了积极勤奋、爱思考的好习惯。”一名工作人员补充道。

“参加南水北调工程建设和管理对我来说，是一个机遇、一种幸福、一个缘分，同时也是一份神圣的责任。”张晓伟走过的每一个台阶、检查过的每一片围网，他用脚步丈量过的每一寸渠道，都见证着水利人的初心和奉献。

◇ 本文发表于 2020 年 7 月 11 日中国青年网
◇ 作者：张香丽

张真先：安宁渡里守安宁

甘肃黄河边，有一个叫安宁渡的水文站。站长叫张真先，大概很多人不知道他，但是知道他的人又大多不了解他。

不了解他，怎么可以将平淡的人生活得多姿多彩？怎么能在平凡岗位做出不凡的成绩？怎么会将一生真情奉献给黄河……

对于在黄河水文干了 30 年的张真先来说，服务 26 年的安宁渡水文站，就是他的第二个“家”。

勤勉专注　全心为站

走进安宁渡水文站，无论是大门外的亭台楼榭、小桥流水，还是站院内的碧绿蔬菜、沙枣花香、布谷鸟鸣，一切显得那么井然有序、生机盎然。这个黄河水文界有名的“文明水文站”，连续多年获评黄委上游水文局目标管理考核一等奖，2003 年被黄委评为“水文测报先进集体”，2014 年被黄委水文局评为“文明水文站”。

然而，曾经的安宁渡并不是这么一番景象。

最初，因旧址偏僻，条件艰苦，交通不便，物资匮乏，安宁渡水文站是有名的落后站。1999 年 6 月，张真先被任命为安宁渡水文站站长。到任后，他狠抓测站管理，注重水文测报。无论是三等水准测量、率定、钢架上黄油，还是汛后资料整编，到处都有他忙碌的身影。

功夫不负有心人。在张真先的带领下，短短几年，安宁渡水文站一跃而上，走在黄委上游水文局下属 18 个水文站前列。

为了改善职工的生产和生活条件，2008 年上级决定将安宁渡水文站搬迁。那段时间，张真先起早贪黑奔波于相距 50 千米的新旧站址之间，配合兰州勘测局办理征地、站房建设、设施设备架设等手续。同时，他还自学了相关建筑知识，保证工程进度和质量。2010 年 1 月，安宁渡水文站迁到靖远县城。为了做好新旧断面资料比测，在测站人员短缺的情况下，张真先硬是一个人在没水、没电、没暖气的办公楼坚守 3 个多月。

毫不夸张地说，正是因为张真先的坚守和奉献，才有了如今的安宁渡水文站。

勇担职责　力战洪峰

2012 年 7 月，黄河上游发生 1986 年以来最大洪水。当时，站上的其他职工都是 1991 年后参加工作，没有异常洪水测报经验。作为站长，张真先既是指挥员又是战斗员，一方面按照测洪岗位合理安排有关人员迅速到岗，一方面密切关注上游雨水情变化过程。当发现雷达水位计被冲毁后，张真先当机立断，及时布设临时水尺进行人工观测，保证了测验过程的连续性，圆满完成黄河防总 8 段制和甘肃省防办 12 段制拍报任务。

张真先（左二）传道授业

这一年，张真先被黄委上游水文局评为“12・7”洪水测报先进个人，安宁渡水文站被黄委上游水文局评为“12・7”洪水测报先进集体。

次年 8 月，黄河支流祖厉河发生迁站以来最大洪水。祖厉河入黄口位于安宁渡水文站断面上游约 3000 米处。由于漂浮物多，且岸边流速很大，船舵不幸被漂浮物撞坏，测船处于随时可能倾覆的境地。危急时刻，张真先果断用消防斧将吊船缆钢丝绳砍断，冒着生命危险将测船靠在对岸，避免了一场安全事故发生。

在其位，谋其职。张真先勇担职责，无惧洪浪，带领职工圆满完成一场又一场洪水测验。

学用结合　刻苦攻关

张真先最让人佩服的，还是他刻苦钻研、遇事“较真”的劲头儿。

随着黄河水文测报能力的不断提升，各项工作对计算机操作水平要求越来越高。当年不会打字、不会汉语拼音的张真先让爱人买回一幅汉语拼音挂图，一个字母一个字母地学习。如今，几千字的汛期准备工作汇报材料，张真先可以独立输入完成。要知道，他曾经有过想在电脑上输入一个旅游的“旅”字，硬是半个小时都没完成的经历。

张真先记录测站情况

面临实际操作中出现的主流、岔流同时施测，岔流流量测验定位难这一问题，张真先埋头攻关，多次试验，最终发现可以通过在冲锋舟上安装船舵的方式加以解决。他还设计加工了操作简便实用的主缆上油器，解决钢缆上油难度大、危险性高等问题，获得黄委水文局“浪花奖”二等奖。

靠着这股“钻劲儿”，张真先一路向前，不断提升自我。2003 年，被黄委评为“黄河水量调度先进个人”。2006 年，通过函授顺利取得甘肃省委党校大专学历，并获“优秀学员”称号。同年，作为种子选手代表黄委上游水文局参加全河第三届水文勘测技能竞赛，获得团体第二名。2007 年 9 月，参加“第四期全国水文勘测技师专修班”学习，取得水文勘测工技师资格。2013 年，被黄委水文局评为“技能标兵”。2014 年 12 月，取得高级技师资格。2017 年 4 月，被黄委评为“劳动模范”。

坚守初心　挚爱水文

熟悉张真先的人，都知道他身有残疾，左腿膝盖以下装有假肢，但他从来没有因此被压倒过。坚定的意志、对工作的热爱让他克服了种种困难，将普通的水文工作做出了不普通的成就。

由于水文站的偏僻，张真先与女儿聚少离多。提起在家庭、孩子成长中的缺席，张真先有些无奈，又充满愧疚。

今年，受新冠肺炎疫情影响，张真先连续在家待了一个多月。这是他自参加工作以来，在家待的时间最久的一次。但在享受天伦之乐的同时，张真先还惦记着另一件事，那就是他心心念念的水文事业。每天起床，他总要站在自家窗前眺望黄河，念叨着水清了、浑浊了，水位升高了、降低了，流量增大了、减小了……直到回到熟悉的安宁渡，看到一切安好，他才真正放心。

安宁渡里守安宁，不忘初心的张真先在安宁渡守护了 26 年。纵观大河上下，还有许许多多像他一样平凡的黄河人，正为黄河成为幸福河的事业无悔奉献。

◇ 本文发表于 2020 年 8 月 6 日《黄河报》

◇ 作者：陈毓莹、魏云、吴兴

赵武京：深耕十余载 拳拳治淮情

一段路，过一段时间回头望，感受更深刻；一支歌，过后再唱，更富有激情！1990 年 8 月，我带着水利部党组的殷切期望，到淮河水利委员会上任，从事治淮事业。2000 年年初退休，现已到了耄耋之年。在举国上下喜迎新中国成立 70 周年之际，回望曾经的治淮岁月，仍历历在目，激情满怀！

20 世纪 90 年代的治淮高潮

刚到淮委，我分管计划基建，按照点线面结合的思路开展工作。针对板桥水库复建工程进展严重滞后的情况，开展百日抢工会战，从工程实际情况出发，调整优化施工关键线路，制定施工技术措施，通过资源平衡适当增加施工力量，并制定适度合理的奖惩措施，调动和保护参建各方的积极性和创造性，最终夺回延误工期，按时截流。紧接着一鼓作气，大干 150 天，1991 年 5 月下旬工程达到度汛标准，实现安全度汛。

1991 年元旦刚过，黑茨河治理工程省界段施工，各方意见存在分歧，我立即带着计划基建处和淮委勘测设计院的同志到河南郸城县组织豫皖省、地、县有关方面召开现场会，共同调整商定方案，集中力量加快施工进度，迅速扭转了工程停滞不前的局面。

1991 年，淮河雨季比往年早，5 月中旬至 6 月初连续出现两次强降雨过程，平原积水严重，随后暴雨洪水接二连三袭击江淮。淮河流域暴雨洪水引起党中央、国务院高度重视。洪水尚未退尽，国务院于 8 月中旬召开治淮治太会议，同年 11 月作出了《关于进一步治理淮河和太湖的决定》，明确用 10 年时间、投入 120 多亿元，兴建 19 项防洪骨干工程，要求“八五”初见成效、“九五”整体推进。继 20 世纪 50 年代第一次治淮高潮以来，声势浩大的治淮工作再次在中原大地迅速铺开。

1992年下半年，我担任淮委党组书记、代主任。为了健康有序、高效推动治淮工作，一方面要求委机关和淮委勘测设计院苦练内功，适应治淮深入发展的需要；另一方面强调并带头践行“流域机构就是服务，在真诚服务中实现监督管理”的理念，要求委机关各处室（局、院）和各省水利厅携手形成合力，提高工作效率。从1993年开始在全委推行“岗位目标责任制”，使全委各单位形成一个运转协调高效有序的有机整体，使广大干部职工心往一处想、劲往一处使，服务于治淮。就这样，一年接着一年向前奔，一道道“束水卡口”被拓宽，一段段大堤得到加固，一座座水库和闸涵建成或修复，一条条省界支流得到治理。在沂沭泗河管理中，积极推行“一所一策”改革措施，进一步增强了工程管护能力。干部职工的工作生活条件也随着治淮的发展得到逐步改善。

通过不懈努力，淮河治理取得显著成效，经受住1996年、1998年洪水和1997年大旱的考验。1996年7月淮河中上游大水，王家坝水位涨到29.24米，超保证水位0.58米，持续时间长达97个小时，仅行蓄洪区一次减淹效益达12亿元，全流域减灾效益约200亿元；1996年7月沂河洪水通过人民胜利堰闸和大官庄闸联合运用，第一次直接东调入海。1997年大旱缺雨的情况下，全流域农业获大丰收，粮食总产量达845亿公斤，占全国粮食总产量的17.2%，是新中国成立之初流域粮食总产量的6倍多。1998年夏，江淮并涨，淮河多次出现汛情，但险情和灾情大大降低。以入海水道、临淮岗等战略工程于1998年、1999年相继开工建设为标志，治淮进入整体推进的新阶段。

同时，复建后的板桥水库和石漫滩水库，既抹掉了“75·8”洪水灾难的阴影，又拦蓄了洪水，为水库灌区和下游城乡生产生活用水提供了可靠水源。国务院发布《淮河流域水污染防治暂行条例》，自此淮河治理走上依法治污的轨道。关停“十五小企业”，重点工业污染源达标排放，使COD排放量减少31%，淮河干流水质明显好转，群众生产生活稳定；开展水污染联防，防止了淮河干流和沙颍河突发大面积污染事故。

治淮实践收获和经验总结

随着治淮19项骨干工程相继完成，淮河抗灾能力进一步提高。回望20世纪90年代治淮的日日夜夜，党的政治优势是治淮顺利进行的根本保证。党和国家领导人先后视察治淮一线，国务院专门成立治淮领导小组，相继召开了第二、第三、第四次治淮治太会议。水利部把治淮作为工作的重中之重，流域四省均成立了治淮领导小组。中央媒体、行业媒体、地方媒体发挥了强有力的舆论推动作用。

防洪骨干工程的规划布局和论证设计，是治淮人几十年来辛勤劳动的成果，凝聚着几代治淮人的汗水和智慧。特别是沂沭泗东调南下工程大范围调度洪水的构想和布局，彰显了老一辈治淮人的智慧和胆略。工程建设严格推行项目法人责任制、招标投标制和建设监理制，精心组织、精心施工，规范工程验收工作，保质保量完成了工程建设任务。

治淮人从长期治淮实践中领悟到：要遵循客观规律团结治水，行政区划必须服从流域统一规划、治理和管理。团结治水既要“均其势”“均其务”，又要联动治理、共同受益。中上游战略工程——临淮岗洪水控制工程和大洪河等中上游跨省支流治理工程，下游战略工程——入海水道与怀洪新河下游段，都是在团结治水的原则下启动实施的。

1991 年冬，赵武京在怀洪新河工地参加劳动

能见证并参加治淮工作，是我今生最荣幸的事。看到淮河发生的可喜变化，内心十分欣慰。如今，我在从事水利建设稽查和督导的同时，一直关注和思考治淮问题，先后撰写有关文章。我坚信，在习近平新时代中国特色社会主义思想的引领下，在水利部党组的指导下，一代接着一代干，一个生态优美、繁荣富强的新淮河将展现在祖国的中原大地，治理好淮河不是梦！

在新中国成立 70 周年即将到来之际，我以诗歌的形式，回顾了自己 70 年来上下求索、拼搏奋斗的水利人生，与广大读者一起看岁月沧桑、忆神州巨变。

我和祖国水利缘

——喜迎新中国成立70周年华诞

祖籍陕西蒲城县，少年丧父受饥寒。
一九四九沧桑变，不再打柴把书念。
好学上进苦钻研，陕工大立水利愿。
河川枢纽水电站，学习李冰都江堰。
66年毕业去邯郸，岳城水库漳河畔。
正值水库尾工段，臭老九被靠边站。
随局转战大三线，建设碧口水电站。
烧火喂猪炊事班，大智若愚气质凡。
炉火熊熊红心炼，当上甘肃劳模范。
火线入党指导员，二三工区风水电。
战龙抬头抢发电，白猫黑猫来称赞。
为解唐山饮水难，冀东引滦送甘甜。
锚喷射流大模板，隧洞埋管南观站。
难忘一九八四年，两年任务一年完。
辗转川北水利缘，建宝珠寺水电站。
预裂爆破切坝肩，沉井锚洞巧攻关。
精心组织智慧管，年年任务提前完。
正遇截流要实现，艰巨任务在召唤。
奉命入淮九零年，治理淮河除水患。
重温主席修淮愿，治淮重担扛在肩。
淮河基因孕灾难，河水入海尾闾关。
黄河夺淮七百年，两岸人民载声怨。
板桥复建抢工战，按时截流做示范。
黑茨河跨豫和皖，协调解决百年难。
再遇人民胜利堰，优质工程获奖赞。
智慧协调豫和皖，临淮岗控水闸建。
大洪诸河治理完，有效控制河水患。
黄河夺淮淤海关，淮河无闾孕水患。
怀洪新河抢先建，协调苏皖同步干。

打通怀洪下游段，疏通淮河入海关。
四项制度三红线，执行严守强监管。
淮河修好梦将圆，淘米洗菜可做饭。
清澈河水绿两岸，中华腹地玉带缠。
退休不愿身心闲，水利稽查十二年。
百余项目跑个遍，一查二帮把好关。
局专家办又十年，督导五座水电站。
人到暮年心不闲，水利之愿仍未眠。
祖国华诞七十年，我和祖国水利缘。

◇ 本文发表于2019年2月19日《中国水利报》

◇ 作者：赵武京

郑娟娟：刻在心中的水利人

中华民族的悠久治水历史，孕育了大禹精神、都江堰精神、红旗渠精神、九八抗洪精神等优秀治水传统和宝贵精神财富。新时代呼唤新的水利精神，备受全行业关注的新时代水利精神正式发布。对照这些精神内涵，我心中的一个个水利人的形象禁不住又涌现在眼前。

恩师的忠诚

2002年临毕业时，班主任赵国基老师特意找我说省水文局到学校招几个非水文专业的毕业生，他希望他担任班主任的班级能有一两个人从事他所热爱的水文行业。赵老师说基层水文测站非常辛苦，面朝江河，背靠青山，前不着村，后不着店，没有周末，危险与寂寞并存，好多大学生都不愿意去。水文站需要能吃苦、能静下心来认真做事像你这样踏实肯干的年轻人。

20岁出头的青春年华，谁没有一颗赤子之心？谈完话后，我一个晚上翻来覆去没睡着，赵老师口中一个个水文老前辈不计得失、无私奉献、安守清苦、能打硬仗的形象不停地在眼前浮现。我不忍，更不想辜负这位白发老人的谆谆期望，暗自许下了投身水文工作的誓愿。

2012年，大学毕业十年，75岁高龄的赵老师和师母，从老家永春坐汽车到同安参观了我们汀溪、五丰水文站。赵老师看着崭新的站房、先进的测验设施不停地点头微笑："我们水文真是越来越好了！娟娟，老师今天特意来看看你工作的地方，你很不容易，老师没看错人，老师谢谢你十年前的选择！好好努力！继续为水文多做贡献！"面对眼前这位白发苍苍、泛有泪光的老恩师，我泣不成声。我想起十年前他找我聊天的那天下午，阳光明媚，照在这位精神矍铄但一脸严肃的老者身上，我清楚记得当他讲到曾经有一名老水文人，穿着雨衣站在洪水中，把一个大桶扛在肩上接雨水，只是为了设备被淹后能量出雨量，为以后调查历史最大暴雨提供依据，那时他的眼里也泛着泪花。那场景我至今记忆犹新。加入水利这个大家庭以后，听到了更多关于这位老水文人的故事，才明白我们赵老师的良苦用心。恩师让我懂得了有一种水利精神是忠诚！

站长的担当

报名后我顺利通过了省水文局笔试面试，2002 年 9 月就钻进了泉州的大山，到石砻水文站上班。

当时的石砻站是两层破旧漏雨的石头瓦房，进门一盏灯、出门一把锁，周围的打石场炸石头时人还得跑出来。在屋外挖一个坑、搭两块板就成了厕所，雨天去必须打伞。杂物室安个水龙头就成了洗浴间。石砻站的站长叫林森块，当时已经 57 岁，再过三年就要退休。寒冬腊月天里，站里要重新安装水尺，老站长脱掉外套，穿着背心短裤就跳进齐腰深的冷水里。那时我刚参加工作三个月，不曾见过这种阵仗，心立马揪成了一团，眼泪哗地就跑了出来。更没想到的是，老站长锁木螺丝时突然脚底一滑，双手抓住岸边的角钢才没摔倒，我还没反应过来，他又一头扎进水里，许久不见人影。我哭着拼命喊：“站长！站长你怎么了，快上来呀！”终于，站长从水里冒了出来，他换了口气说：“钳子掉水里了，我下去看能不能找上来。”不等我回话，又一头扎进水里，然后再换气、再扎下去……前后三次才把钳子捞上来。上岸后老站长若无其事，等到吃晚饭时才问我：“小郑，是不是想问站长为什么要捡那把钳子?”“站长，一把钳子也用不了多少钱，天那么冷、水那么深，您都这年纪了，犯不着冒这个险啊!”他笑了笑说，“小郑，站长知道你是特区来的，没吃过苦，但你看我们现在站房四处都在漏水，目前我们水文的经费也很紧张，很多旧站房还没改造，工作环境很艰苦。水流速度不快，钳子肯定掉在水尺周围，很容易就捞得到。能节省一点就节省一点。”

郑娟娟枯水测流

那天，老站长还给我讲了许多水文往事，从他的口中，我才知道基层水文工作之前有多么危险，因为工作的对象是洪水猛兽、工作的环境是江中河边，所以几乎每年都有水文人牺牲在岗位上，特别是在抢测大洪水时，天上雷雨交加、地下洪水咆哮，稍有不慎就有掉入江中的危险。

从他的口中，我才知道1998年在长江、松花江、珠江、闽江等主要江河发生大洪水或特大洪水期间，水文人冒着生命危险，克服种种困难，及时测报洪水，提供了大量准确的水文信息，为防汛指挥决策、水利工程的安全调度和运行提供重要依据。

郑娟娟获颁“全国水利系统先进工作者”奖章、证书

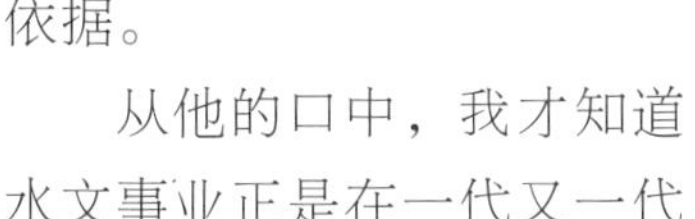

从他的口中，我才知道水文事业正是在一代又一代水文人甘于寂寞、乐于奉献中才不断发展壮大！三个月来，从城市来到乡村，从紧张的现代化生活去到寂寞偏远的自然生活，我一度无所适从，对现状感到迷惘，甚至怀疑这是不是自己想要的人生出路。老站长让我发自内心对水文这一行业充满了敬佩和热爱，坚定了我投身水利事业的决心。老站长让我懂得了，有一种水利精神是担当！

我的水利情缘

我与水很有缘。家门口就是母亲河，我从小就在溪边玩水长大，大学专业是水工专业，毕业后成为一名水利人，在泉州石砻水文站工作5年后调回家乡同安的水文站工作。工作17年来，我与水利共成长，获得了“2013感动厦门十大人物”“全国水利系统先进工作者”等光荣称号。越来越多的人认识了我，也了解了水文工作。媒体记者到站里采访，都会不约而同地问我：水文是什么？是什么力量支撑你7年来放弃所有的个人时间，心甘情愿去完成多人的工作量？中途想过放弃吗？会后悔当初的选择吗？

面对这些问题，我都会和他们讲赵老师和老站长的故事，讲我们的水利精神，讲我们的水文人故事。媒体记者们听着我的述说，深受感动，电视台的记者和摄像老师更是流下了男儿泪。随着新闻媒体的报道，越来越多的人知道了水文是做什么的，认识到水文工作的重要性，也知道有很多人为水文工作默默付出。

我感受着我们水利人“忠诚、干净、担当”的可贵品质，感受着我们水利行业“科学、求实、创新”的价值取向，感受着水利事业随着国家的改革开放发生着日新月异的变化。我为自己是一名水利人而由衷地骄傲与自豪。

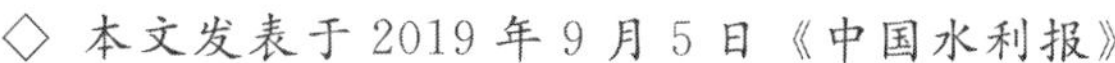
◇ 本文发表于 2019 年 9 月 5 日《中国水利报》

◇ 作者：郑娟娟

郑世明：打好组合拳 战“疫”战“贫”双推进

入春以来，在顺昌县洋口镇麻溪村，有一个人，带着一群人，佩着“共产党员”徽章和“防疫一线我是党员我带头”胸牌，在村口设岗值守导交通、测体温，到外出返乡村民家中宣传政策、讲防控，到村老人康养院查防疫情况、促防控措施落实，到田头地头帮春耕、拓销路促增收，访村内企业解困难、促复工复产……

这个人，就是福建省水利水电工程移民发展中心驻顺昌县洋口镇麻溪村第一书记郑世明；这群人，就是他带领的麻溪村两委成员一班人。

疫情如火急

春节前夕，随着春运潮水般人流返乡过年，肆虐武汉的新冠肺炎疫情迅速蔓延全国。

疫情十万火急！大年三十，我省启动重大突发公共卫生事件一级响应。大年初一，习近平总书记主持召开中央政治局常委会，对新冠肺炎疫情防控工作进行再研究、再部署、再动员。紧接着，省委常委扩大会议对全省疫情防控工作作出再部署，省水利厅党组紧急部署疫情防控工作，省移民发展中心党组相应作出紧急部署和安排……

一时间，手机各个微信群里，从中央到地方，包括省市、厅局、县乡村各级推出的疫情防控工作部署和举措，伴随贺年信息铺天盖地而来。

战“疫”如救火！

作为军人出身的挂村第一书记，1 月 22 日（大年二十八）才从顺昌返回福州的郑世明坐不住了，他明白自己的责任和战位所在。1 月 26 日，大年初二，国务院办公厅宣布春节假期延长至 2 月 2 日（大年初九）的当天，他毅然驾车第一次返回顺昌，半路上接到顺昌县委组织部关于驻村干部暂不需要回村防疫的通知，被镇领导和麻溪村两委班子的同志友情

"劝"回福州。大年初六，强烈的责任感和使命担当驱使他提前返回顺昌县麻溪村，带领村两委班子一起发动全村群众打一场新冠疫情防控的人民战争。

强化组织引领。一回到村里，郑世明第一件事就是迅速召开村两委班子成员疫情防控部署会，传达总书记对疫情防控的重要指示精神和各级党政的疫情防控部署，统一思想认识，制订防控方案，村两委成员分组包片，组织防疫物资，落实防控措施，动员全村群众，打一场疫情防控的人民战争。

群众动员起来。村两委干部分片进组入户发动，村民小组长带头，麻溪村建立起由党员、团员、巾帼志愿者组成的三支战"疫"突击队。

设立交通卡点。实施早中晚三班倒 24 小时排查，测体温，登记出入车辆、人员信息，掌握村民外出、返回和外来探亲访友人员情况，把排查追踪工作落实落细。

共产党员带头。村党支部打出"我是党员我带头"的响亮口号，全村党员干部把初心写在行动上，把使命落在岗位上，共产党员成为村里防控一线一面鲜红的旗帜。

织密防控网

点面全覆盖。迅速落实洋口镇"五长共治、十户联防"防控机制，组建起以第一书记为疫情防控"镇长"，村书记、村主任为"村长"，村民小组为片区共 6 个片 6 名片长，十户为一"邻"，23 名邻长 215 名户长的疫情排查防控和信息反馈网络，取得点面结合、覆盖全村、全天候、全过程、全链条疫情排查效果。2 天时间就掌握了全村 269 名外来人员信息并上报镇政府。

排查全方位。一是坚持"三报告一服务"，即：发现有外来返乡人员要报告，发现有发热咳嗽症状要报告，发现特殊、紧急情况要报告，做好体温异常人员的安抚服务。二是坚持"三记录一汇报"，即：日巡查腿要勤、工作情况要记录，问讯嘴要多、各户情况要记录，看脸色眼要利、人员健康情况要记录，每日工作情况村值班干部要汇报。

宣传全辐射。通过广播、微信群、悬挂横幅、张贴宣传单、发放防疫须知等形式，广泛宣传疫情防控知识和上级有关部署，劝导村民无事不出门，出门戴口罩；勿聚集、勿聚餐、勿打牌，在外人员勿返乡；倡导喜事延期、白事简办，随时掌握各家各户情况，让群众自觉做到疫情防控期间不聚集、不出行、不走亲、不访友、不传谣。劝退民间婚丧喜庆聚会8户47桌。

卫生清死角。组织村民整治人居环境，做到“门前三包”，做好房前屋后清扫保洁，组织志愿者清除卫生死角，督促村民加强畜禽管理，防止病毒滋生，减少疫病传播风险。

郑世明（左）在防疫一线排查

打好组合拳

2020年是决战决胜脱贫攻坚、全面建成小康社会的收官之年。麻溪村作为库区移民村，打赢脱贫攻坚战是硬任务，决胜全面小康是重中之重，战“疫”战“贫”两手抓、两不误是当务之急。

郑世明明白，肩上责任沉甸甸。他组织村两委一班人对照今年目标任务认真梳理全年工作，分析存在的困难与急需解决的问题，分类施策，对症下药。

解痛点促脱贫。村两委成员分片包8户建档立卡贫困户，逐户座谈了解他们的增产增收意愿和想法，出主意、想办法、找门路，把脱贫不脱责任、不脱政策、不脱帮扶、不脱监管落实落细落到贫困户心中。

郑世明（右一）走进田间地头促春耕

疏堵点促春耕。根据农户春耕生产需求，疏通堵点，协调备肥料、进种子，组织农技人员入户到田指导生产，解决影响春耕备耕的关键问题，将疫情影响降到最低。

通断点促销售。受疫情影响，农产品销路阻断，不少村民为瓜果蔬菜熟在田里、老在地里而发愁。郑世明发挥自身挂职干部优势，建立“农产品产销微信群”，积极联系县内外单位，拓展线上线下销售平台，大力推送当地优质特色农产品，解村民燃眉之急。春节以来，协助村民销售蔬菜近 20 吨、活禽 5000 余只。

化难点促增收。麻溪村内有三家规模以上企业，企业注册资本总计 1500 万元以上，安排就业 260 多人，是村民收入的重要来源。村里积极沟通业主，帮助企业解决实际困难，确保企业在防控机制、健康排查、设施物资、内部管理“四到位”前提下，稳妥有序推动企业复工复产。

◇ 本文发表于 2020 年 3 月 18 日福建省机关党建网

◇ 作者：卢金福

钟勋：以青山为伴 以夹岩为家

2010 年，刚从大学毕业的钟勋进入贵州省水利水电勘测设计研究院工作，从此与水结下了不解之缘，成为一名光荣的水利人。2013 年 1 月，年仅 26 岁的他从省水利设计院调入省水利投资（集团）有限责任公司工作，担任夹岩水利枢纽工程公司移民环境科科长。自夹岩工程开工建设以来，钟勋以身作则，用实际行动团结带领部门成员，长期驻扎在工程一线，积极协调市、县、乡、村（组）各级政府和相关职能部门推进移民征地工作，白天跑协调，晚上做资料，夹岩工程连续 4 年完成国家下达的投资任务。钟勋先后获得 2012 年省水利厅“优秀团支部书记”、2015 年毕节市夹岩工程指挥部“优秀移民干部”、2016 年夹岩水利枢纽工程公司“先进个人”和毕节市总工会“先进基层工作者”、2017 年毕节市七星关区“优秀水利工作者”和省水利投资（集团）有限责任公司“优秀团干”、2018 年夹岩水利枢纽工程公司“先进个人”、2019 年省水利投资（集团）有限责任公司“优秀员工”和“最美水利人”等荣誉称号。

汛期来临前，钟勋（左）和同事检查淹没区库底清理工作

时光荏苒，转眼 7 年多时间过去了，谈到参与夹岩工程建设的点点滴滴，钟勋的思绪似乎又回到了他所熟悉的工地上……

“2019 年 8 月 29 日，夹岩工程水源大坝填筑至 1323 米高程，提前 4 个月实现大坝填筑封顶节点目标。我在水源工程现场参加大坝填筑封顶庆祝仪式，已为人父的我仿佛像在参加女儿的‘成人礼’，感到非常激动和自豪。”钟勋感慨地说道。

舍小家为大家，当好“协调员”

夹岩工程开工建设以来，钟勋和他的团队长期驻扎在工程一线，每年出差都在300天以上，春节、国庆等节日常常不能与家人团聚。

2018年中秋节，由于身体原因，怀孕四个月的妻子生病住院。当时夹岩工程金遵片区一控制性工作面因炮损补偿标准问题已停工数月，此处矛盾纠纷伴有历史遗留问题，情况复杂，各级部门已经调解过数次，均无明显进展。但要完成金遵干渠的建设任务、年底完成国家下达的投资任务这个工作面至关重要，必须尽快解决矛盾纠纷恢复施工。

一方面，钟勋曾经参与过省里大型水利工程炮损补偿相关文件的起草工作，对情况最为熟悉，对政策最为了解，此时的他不能离开；但另一方面，妻子还在医院接受保胎治疗，钟勋非常担心她们的安危。

“你没有回来，我知道你一定是在完成一项光荣的任务，既然去了，一定要把它做好，我们的孩子很坚强，我和他等着你回来。”电话那头传来妻子温柔而又坚定有力的声音……

那一刻钟勋湿润了眼眶，久久不能平复心情。

有了家人这样的理解和支持，还有什么坎是过不去的呢？钟勋将所有担心、纠结和不安化成了推动工作的动力，与指挥部制定了五日攻坚方案，经过大家的不懈努力，在第三天中午圆满的化解了矛盾纠纷。

工作中的矛盾得到妥善处理后，钟勋第一时间赶到省人民医院。

时间滴答滴答的流逝着，在手术室门外等候的钟勋终于见到了躺在病床上被缓缓推出手术室的妻子，看着那张面色苍白的脸颊，虚弱无力的妻子，钟勋早已泣不成声，而妻子虚弱地撑起身体对着钟勋摇了摇头，努力想说什么却又说不出口。

10分钟后，钟勋签署了这辈子最沉重的一次签名——《胎儿遗体处置告知书》。

“我亏欠妻子太多了，她为了我、为了这个家庭承受了太多的苦痛和压力！”泪水从这个坚强的男子汉眼里悄然滑落。

这个中秋没有雨，泪已成雨。

当天晚上，同事来电告诉钟勋，工程复工了。接下来的时间里，钟勋和他的团队解决一个又一个矛盾，攻克了一个又一个难题，圆满完成了建设任务，连续第4年完成了国家下达的投资任务，得到了各有关部门的肯定，被称赞为“夹岩速度”。

视老百姓为亲人，当好“服务员”

“哪里有矛盾，哪里需要协调，哪里就有钟勋的身影。”在管理营地，钟勋的同事们说道。

“白天我们经常深入库区和输配水区老百姓家中，向他们耐心宣讲移民政策，解答他们的疑问困惑。一些年纪稍大的老百姓，由于根深蒂固的思想认识，难以放弃居住了几十年的农村到城镇生活。我们就从国家移民政策、基本生活保障、下一代的教育资源就业优势等方方面面进行解释劝导。一开始老人顾虑很多，婉拒了我们很多次，我们便在离老同志家不远处的村委会住了下来。”钟勋说道。

就是这样，日复一日地做工作。白天，钟勋和其他同事帮助老同志和其他留守老人收割庄稼，晚上和乡亲们聊聊家常、聊聊如今新农村的变化、聊聊祖国的繁荣富强，经过10多天的相处，很多群众从最初的不理解到最后变为感动。

“你们以后就是我的亲人，我相信你们做的这些事是真的为了我们好!”。晚饭过后，一名老同志紧握住钟勋的手，深切地说道。

钟勋（左）向当地老百姓宣讲政策，推进施工区征地工作

很快，当地的乡亲们成了第一批搬迁入住城镇安置点的移民，同时自发回到乡里向邻村宣传，帮助工作组做其他老百姓的思想工作。

视老百姓为亲人，将真情融入工作中，仅在那个秋天，整个乡涉及的三个淹没村组搬迁完成率达到了97.5%。一方面，夹岩工程建设用地得到保障，如期实现了截流目标，提前实现了大坝封顶目标，部分输水隧洞也提前贯通；另一方面，夹岩工程的移民安置搬迁与地方政府脱贫攻坚相结合，实现了“搬出去、住下来、富起来”的重要目标。

保护生态环境，当好“管理员”

自夹岩工程开工建设以来，钟勋带领科室及参建单位加强沟通学习，一方面加强同环水保监理的沟通，虚心学习，认真落实环水保监理的整改要求；另一方面加强与地方环保主管部门沟通，积极配合监督检查，规避环保违法风险。在学习业务知识的同时，钟勋还花更多的时间、更多的精力去学习、钻研环境保护法律法规，学习行业技术规范，学习环水保基础知识，他将学到的专业知识在实际工作中灵活运用，不断总结，不断进步，不断创新，扎实推进环保工作再上新台阶。

在钟勋及夹岩公司其他部门的支持配合下，夹岩工程各参建单位彻底改变往日“重进度、轻生态保护”的工作作风，努力践行“与青山绿水为伴、让青山绿水更美”的生态环境工作理念，努力达成“绿色夹岩、创新夹岩、精品夹岩”的工作目标，提高了工程现场生态环境保护形象。多次在各级环保部门的检查督查中获得好评，移民环境科 4 年期间组织相关单位累计开展环水保巡查工作 48 次，完成环保监测 6 次，水保监测 13 次，并保持至今无一起环保责任事故。

“‘绿色夹岩’必将成为我省一张靓丽的生态名片。作为一名夹岩工程参与者，我一身荣耀，一生受益。”钟勋自豪地说道。

◇ 本文发表于 2020 年 5 月 7 日人民网

◇ 作者：胡荣华、蔡瑶佳

邹秋文："把好自己该把的关，站好自己该站的岗"

梦想的光芒，必将照亮明天的路。一路追梦，一路奉献。时代洪流中的追梦者，有你，有我，有千千万万日夜坚守岗位的水利人。

江西省九江市水利局水资源科科长邹秋文就是千千万万水利人中的一员。前不久，他荣获第九届全国"人民满意的公务员"称号，这是公务员的最高荣誉。

他是怎样全心全意为人民服务、让人民满意的？让我们走近载誉归来的邹秋文，聆听他倾力护卫碧水蓝天的故事，感受他荣耀背后的责任与担当。

勇于担当做冲锋陷阵者

"水是生命之源，守住用水总量、用水效率、限制纳污'三条红线'是我们基层水利人的职责所在。"采访中，邹秋文把水资源管理"三条红线"常挂嘴边，他向记者讲述起两年前的经历。

2017 年水利部作出全面核查长江入河排污口、加强入河排污口管理、落实长江大保护的重大战略部署。在九江，此项工作落在了邹秋文的身上。接受牵头任务后，邹秋文迅速组织带领 4 个小组 12 名技术人员，冲在一线，顶风冒雨，白天跋山涉水，晚上熬夜加班，通过近两个月的日夜奋战，完成近 600 个排污口的现场核查登记工作。人民的关心就是"我"的关注。邹秋文用实际行动、用心用情呵护一江清水。

面对困难不退缩、遇到问题不后退。九江市属于丰水地区，水资源管理水平曾一度滞后。邹秋文负责水资源科工作后，认真分析九江水资源管理存在的突出问题，开展了一系列富有成效的尝试和探索。为完善水资源管理顶层制度设计，他在全省率先制定了《九江市城市水生态文明建设规划》《九江市国家重要饮用水水源地保护规划》《九江市入河（湖）排污口

邹秋文采集水样

布局规划》，三项规划均获得九江市人民政府批复并付诸实施。此外，他在全省率先编制县级水资源公报、率先启动规划水资源论证及水平衡测试、率先完成县域节水型社会达标建设试点……2016 年，九江市代表江西省接受了国家最严格水资源管理制度考核现场抽查，得到国家考核组充分肯定和高度评价。

在邹秋文 20 余年的水利生涯中，数不清有多少次挑灯鏖战的夜晚，又有多少次挥汗如雨的白天。一路走来，每一步都镌刻下他恪尽职守、为民服务的足迹。

敢于担当做铿锵亮剑者

从永修县水务局科员到九江市水利局科员、副科长、科长，他先后从事农水、防汛、水资源管理等多项工作。无论在哪个岗位、担任何种职务，邹秋文始终以人民满意为标准，充分体现了“忠诚、干净、担当，科学、求实、创新”新时代水利精神的鲜明特质。

2011 年以来，邹秋文坚持与相关部门的同志一道，积极协调解决重大项目涉及取水、排污问题，推进全市落实最严格的水资源管理制度，协调解决近百次企业、群众反映的水资源问题，为九江市优化经济发展环境提供了有力支持。2018 年，为了一个项目能够顺利落户开工建设，邹秋文上门服务 10 余次，并多次协调企业联系对口管理部门办理相关手续，把工作做到群众的心坎里。

群众“盼点”等于党员“干点”，良好的水生态环境一直都是人民群众的期许。在取排水项目技术审查时，他敢于“亮剑”，对于影响水生态环境安全、不符合水资源管理要求的问题坚决要求优化整改。他坚持原则，曾经否定了两个投资近 10 亿元的化工项目落户。

在平时的执法检查工作中，邹秋文同样敢于担当，对发现的问题一抓到底，绝不姑息。为此，他得罪了不少人。当别人劝他“何必为了公家的事得罪那么多人”时，他回应说：“保护水环境水生态，来不得半点虚假，卖不得半点人情。”

惯于担当做无私忘我者

清清白白做人、干干净净做事、坦坦荡荡做官，是邹秋文工作20多年来坚守的座右铭。工作中他以苦为乐、以舍为荣、心中无我、无怨无悔，不计较个人得失，不追求个人名利，从未向组织提任何个人要求，从未用手中的权力为自己和亲朋好友谋取过半点私利。他主持了全市近百个项目的水资源论证技术评审工作，收取了几千万元的水资源费，无一起负面反映。邹秋文坦言，与企业接触，心里要坦荡，不能有私心，要始终保持共产党员的政治本色。

邹秋文（右）到企业进行日常检查

“平常时期看得出来，关键时刻冲得出来，危难时刻豁得出来。”今年6月下旬，九江进入主汛期，强降雨频繁，但这没能阻挡住邹秋文顶风冒雨，带着同事沿着152公里长江岸线对取水口和排污口开展巡查的脚步。邹秋文回忆，2005年9月5日，他刚考入永修县水务局一个月，很快就投入了一场艰苦的“战役”。台风“泰利”致使万青联圩新丰段决口150多米，万亩农田被淹、万人紧急大转移。洪水退去后，永修县水务局迅速开展复堤堵口工作。邹秋文作为当时的主要设计人员，同时担任着驻施工现场监督管理员，虽然心系武宁的家，但为了更多家庭的安宁，他毅然选择日夜在工地驻守，开展实地测量与设计。两个月后回到家，不到两岁的儿子竟不认识他了。

正是一滴滴不起眼的水珠，组成了浩瀚的海洋；正是一件件看似简单的小事，写就了非凡的人生。邹秋文对事业的“痴”、对工作的“狂”、对得失的“傻”深深感染了记者。谈到对“人民满意的公务员”的理解，邹秋文认为：“结合本职工作讲，就是要当好守门员、做好服务员，把好自己该把的关，站好自己该站的岗。”

他把人民对美好生活的向往作为自己矢志不渝的奋斗目标，用实干担当将个人无私奉献的涓涓细流，汇入江西水利事业发展的浩瀚江海。

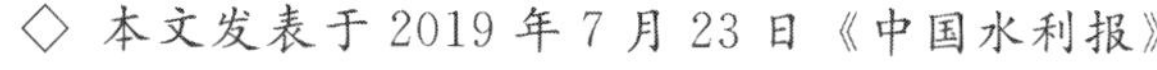
◇ 本文发表于 2019 年 7 月 23 日《中国水利报》

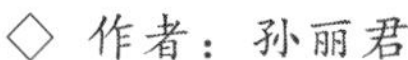
◇ 作者：孙丽君